優渥叢書

優渥叢書

優渥叢書

暗黑世界必學35個正向思維

委屈、抱怨不能成大事！因此你得收起鋒芒、主動幫忙，就能讓薪水十倍跳！

心理學專家 **張濤**◎著

目次

CONTENTS

2 Chapter 捨得哲學——放下

Section 4 與前男友分手不傷，重點是——你看懂「真心換絕情」 124

前言

世界如此暗黑，所以內心得要更強大

在所有人際交往過程中，經常涉及利益問題。有利益便有虧損，免不了其中一方吃虧，另一方佔便宜。我們都知道，絕對的公平是不可能存在的，每個人立場不同，對公平的理解自然就不同，只能透過彼此妥協，獲得相對的公平。

舉例來說，兩人做生意，一人投資，另一人負責開拓市場。幾個月後，計畫失敗了，不但沒盈利，還倒賠了很多錢。這時，開拓市場的一方認為是資金不足導致的；但投資方肯定指責對方沒有適度地使用資金，兩人都不願承擔賠錢的後果，或者覺得自己負擔的賠款過多。總之，當雙方都感覺自己吃虧，糾紛就這樣產生了。

為了求得公平，使雙方關係保持穩定，人與人之間的某些交往（尤其是商業往來）會牽繫於合約。但是簽了合約就一定公平嗎？雙方就一定會滿意嗎？

我們以近年娛樂圈藝人與經紀公司解約的情況來說，一開始簽訂合約時雙方都覺得公平，但隨著演藝活動的增加、藝人知名度的提高，藝人對原本簽訂的分成，或者公司的行程安排有意見，公司卻不願意修改合約，只好尋求法律途徑要求解約。可見，合約不是萬能的，總有人會覺得自己吃虧，於是產生糾紛，甚至鬧得兩敗俱傷。

這裡有一點值得我們深入探討：**有利於維持長久關係的合約，勢必**

有某一方必須吃虧。

例如香港首富李嘉誠曾簽訂一份長久合約，合約內容是：他投資總額的六成，但只拿四成的股份，這就是實質利益上的吃虧。但是，非物質的部分就不會吃虧嗎？當然不是！例如大家熟悉的面子問題，試問有人當眾羞辱你，你是否會覺得吃虧？相信大多數人都會「以牙還牙，以眼還眼」地報復回去。

在感情方面，也常常涉及吃虧或佔便宜的問題。例如談戀愛的年輕人吵架分手，經常會聽到一方說：「我為他付出了那麼多！可是他為我做過什麼？」可見，每個人在情感上都希望對等，倘若不對等，其中一方就會有吃虧的感覺。即使是結婚幾十年的夫婦也一樣，要想維持長久的感情，只能互相妥協，也就是一定程度上接受吃虧。

我們無法避免與人接觸，因此絕對無法回避吃虧問題。每個人對於什麼是公平、怎樣算吃虧，都有不同的理解。而需要思考的是，我們的理解是否準確？是否應該反思自己？為了更好地處理人際關係，應該如何調整自己的尺度？遇到不公平的事時，是否真的不能吃虧？吃虧真的是最壞的選擇嗎？

本書將告訴你，吃虧是一門精深的藝術！掌握這門學問，就能開啟人際交往成功的大門。期望能夠使讀完這本書的你，在人際交往更具智慧，掃除成功路上的障礙，讓你「喜愛吃虧、樂於吃虧」。

收起鋒芒、主動幫忙，就能讓薪水十倍跳！

Loading...

10%

Chapter 1

暗黑訓練——正面

Section 01

老闆其實不壞，重點是——要訓練自己成為「全才」

1. 明朝官員楊士奇歷經五朝從未受奸人陷害，他的祕訣就是……

趨利避害是人類本性，所以主動讓他人得利，可以廣結善緣、換來福氣。筆者曾看過一則利用「主動損失」，換取更大利潤的故事。

有位劉老闆，教育程度不高，但他的雜貨店總是生意興隆。退休後，他將店傳承給兒子，並告訴他：「賺錢的祕訣只有一個，那就是：

不字加一點，一人一塊田，家家日子好，人人笑連連。」兒子想了半天，發現組合起來是個「福」字，便反問：「有福當然好，但福氣哪能說來就來？」

劉老闆笑笑說：「招福的辦法，就是讓客人佔便宜。顧客來向我們買東西，寧可少賺點錢，也絕不讓他們吃虧。保證盡情挑選、包退包換、上門服務、負責到底。即使遇到奧客也一樣，一定要做到令所有人滿意。」

兒子不懂為何要如此妥協，劉老闆接著說：「世上講理的人佔多數，久久才遇到一個奧客，即使賠一兩樣商品，卻可以賺到名聲。顧客也會因此更加信任及感激，自然時常光顧，這才是長久經營之道。」

劉老闆雖沒讀過什麼書，卻明白主動讓利、換取福氣的道理。當顧客產生感激或歉疚的情緒時，通常也會伴隨好感，如此一來，人緣越來越好，就能累積更多福氣。

主動讓利是福氣，有時甚至還能保平安。

在古代，凡是新皇登基，官員通常會面臨洗牌，但在明朝時期，卻有位名為楊士奇的大臣，歷經五代仍屹立不搖，他的祕訣就是——主動吃虧。

明惠帝時期，楊士奇擔任少傅大學士，在職期間兢兢業業。到了明仁宗時期，皇帝想將他封為禮部尚書兼任兵部尚書。誰知，楊士奇不但拒絕，還勸皇上把機會讓給新人。

按常理，楊士奇克盡職責、成績斐然，這是他應得的，而且這兩個職位的地位相當高，若是錯過此次封賞非常可惜。皇帝也這麼認為，就勸他：「黃淮、金幼孜兩人都身兼三職，並沒什麼問題。」他不好意思再拒絕，便答應擔任禮部尚書，但自願放棄此職位的俸祿。

其他大臣看他這麼做，紛紛勸他放棄少傅大學士那份較微薄的薪水。楊士奇回答：「要放棄俸祿，就該挑最豐厚的，辭掉最少的反而像圖虛名。」

這件事傳開後，大家都覺得楊士奇太憨直，不拿薪水白做事，難怪為朝廷做牛做馬二十幾年，還是過著清貧的日子。

由於前朝的元老們資深，所以報酬皆相當豐厚，加上平日裡倚老賣老的行為，讓新人們不滿，便處處為難，最後這些老人都幹不下去辭官回鄉了；反倒是楊士奇，大家覺得他不爭名利，自然不會加以刁難，這正是他的高明之處。

人在官場，若周圍之人都記得你的好，仕途便能穩定發展；站在皇帝的角度，也會認為楊士奇真心為國家付出，如此忠心可靠，當然值得繼續留用，所以最終楊士奇得以平安地服侍五朝皇帝，成為一個傳奇。

從這個例子來看，主動吃虧是實實在在的福氣，它讓楊士奇身處官場，面對風雲變幻，依然平安順利。

山東省有條胡同，入口處架有一座牌坊，牌坊上有著康熙皇帝親筆題寫的四個大字——「仁義胡同」，又名六尺胡同，這個名稱與清朝開國狀元傅以漸有關。

康熙年間，傅家蓋新宅，拓建時，不小心跨過鄰居建地。鄰居一口咬定有礙風水，立刻要求他們拆遷。其他家人認為，為了風水這種玄說耗費大量人力、物力搬遷，太不合理，說什麼也不肯，兩家爭執不下。

為了討個公道，家人們便寫信給時任要職的傅以漸。

傅以漸收到後馬上回覆，但內容卻不是幫家人討回公道，而是說：「千里捎書只為牆，讓他三尺又何妨？萬里長城今猶在，不見當年秦始皇。」請家人不要斤斤計較。

家人看完信十分羞愧，主動向鄰居道歉，表示願意主動退讓三尺；鄰居一看傅家如此仁義，既感動又慚愧，也決定退讓三尺，結果就讓出這條六尺胡同。消息傳到康熙耳裡，他感到非常欣慰，於是便題寫仁義胡同放在牌坊上，提醒大家都要效仿這種精神。

故事流傳至今，仁義胡同附近的居民都學會了人人謙讓、互敬互助。這一帶是漢族和回族共同居住之處，但因為大家都懂得互相禮讓與尊重，所以一直和睦相處至今。

主動吃點虧，其實未必會失去什麼，也不會顯得愚蠢軟弱，反而可以表現出大度有禮。而且可以避免矛盾、贏得好名聲、安定人心，並贏得他人的尊敬與好感。

2. 清朝唯一「紅頂商人」竟然為了幫助朋友而散盡家產？！

人際互動中要學會主動承擔責任，使別人免於批評；主動地讓出利益，使他人獲益。讀者可能覺得這樣有點傻，但實際上真的遇到這麼做的人，我們通常會認為他真誠可靠、討人喜歡。

網路上有個小故事。何軍與鄭宇競爭同一個職位，於是主管指派了一個任務，要他們倆將一個非常貴重的玻璃屏風送到某處，且反覆叮囑兩人務必小心、準時送達。

誰知，兩人的車子突然在半路拋錨。他們想到主管特意囑咐一定要在時間內完成，否則都不予錄取，便緊張地把屏風抱下車，由何軍負責扶著屏風，鄭宇則到馬路邊攔計程車。

突然，有個人撞上何軍，害他倒地不起，屏風也因此整面碎裂。兩人對這突如其來的狀況不知所措。最後，他們決定返回公司向主管自首。

何軍先進了主管辦公室，向主管說明原委，他辯解說：「是鄭宇要我站在那裡的，而且那個人突然撞過來，屏風太大，我一個人扶不住。其實我們可以一起等車的，都是鄭宇硬要去馬路邊攔車……。」

接著，主管請鄭宇進到辦公室。鄭宇也將事情的前因後果講了一遍，然後說：「對不起，這件事是我的失職，我沒有小心看好屏風，我願意負責。」主管反問他：「你讓他扶著屏風，也是為了快點攔到車。再說，屏風是因為路人撞到何軍才碎的，你怎麼說是自己的錯呢？」鄭宇回答：「保護屏風才是最重要的，但我卻因為想快點叫到車，沒考慮突發情況，才導致屏風碎裂，所以我應該承擔責任。」

隔日，主管把兩人叫到辦公室，向他們發布結果：「公司對你們倆都很看重，想從你們之間選出一個人真的很困難，沒想到這個意外，正好讓我們確定誰更適合留下來。我宣布，鄭宇被錄取了。」

何軍不敢相信這個結果，便問主管：「是因為我摔碎屏風，所以才不錄用我嗎？」主管回答：「不是的，這是個意外，其實也不能怪你們。但是，你們對這件事的反應大不相同，你推卸責任，鄭宇卻主動將過錯都攬下，完全沒有怪你。所以主管們一致認為，鄭宇是更值得信賴的員工。」

雖然有時犯錯不該獨自承擔全部責任，但這麼做可能也不吃虧，因為他人會因此感覺你是一個可靠、值得信任的人，上司更願意重用你，朋友也喜歡親近你。吃得一時的虧，反而可以收穫他人的信賴與歡迎。

就好像胡雪巖的故事一樣。胡雪巖原是名不見經傳的小商人，卻一躍成為中國歷史上有名的「紅頂商人」，不僅家財萬貫，創建的老藥店胡慶餘堂更是流芳百年。縱觀他的經商歷程，就是一條以主動吃虧結交朋友，得到大家幫助而取得成功的路。

杭州有個官員名叫王有齡，他非常有才華且野心勃勃，但礙於經濟條件不好，因此無法加官晉爵。作為好友的胡雪巖知道他的抱負，便對他說：「我願意傾家蕩產幫助你。」於是變賣家產，籌集了幾千兩銀子，讓王有齡去追尋夢想。

王有齡十分感動，進京前感激地說：「若是我發達了，絕不會忘記你。」說完便邁向求官之路，但過了很久都無消無息。眾人都譏笑胡雪巖，說他傻得把錢賠上了，什麼都沒得到。

兩年後，王有齡成為巡撫，特地回鄉拜訪胡雪巖，並說會滿足他的一切要求。胡雪巖卻說：「祝賀你福星高照，但我目前沒有困難，謝謝你的好意。」雖然他這麼說，但王有齡懂得報恩，所以之後多次利用職務之便，命令軍官到胡雪巖的店中購物，讓他的生意越做越大。

在胡雪巖的經商之路上，王有齡是第一個支柱。有了積蓄後，胡雪巖無償地拿出私房錢為湘軍置辦糧餉和軍火，當時左宗棠擔任湘軍都督，所以為了感謝胡雪巖，也屢次製造機會讓他好運不斷。後來，他更在左宗棠的舉薦下官升二品，成為大清朝唯一身兼官職的商人。

他的成功除了靠本身的經商才智外，最關鍵的就是他廣泛的社交能力，善於主動幫助他人，朋友覺得欠他人情，又因為他的慷慨解囊，對他產生信任，當然就會竭力回報。

即使無法得到實質收穫，事實上主動幫助別人也不吃虧，因為為他人付出，大家會覺得你是一個真誠、善良的人，便會信任你、對你敞開心扉。若遇到麻煩，大家也會非常樂意幫助你。受到他人的歡迎、交到知心可靠的朋友，就是最大的收穫。

3. 只要學會香港首富的「兩分讓利法」，發大財真的沒有這麼難！

有人說：「智者當大度，強者有涵養。」遇到事情，只要不觸及原則、沒違背社會善良風俗，就別太計較，這不是軟弱，而是有修養。

曾經有個故事是這樣的。有位男士要過獨木橋，橋的對面首先走來一位孕婦，男士想表現紳士風度，就禮貌地回頭讓孕婦先過。接著又來了一個樵夫，樵夫挑著重擔，男士只好又等樵夫過去。樵夫順利到對岸後，男士因為擔心又發生一樣的事，就匆匆上橋。

正當他快抵達對岸時，一位推著獨輪車的農夫上了橋。他這一次不想再讓，就對農夫說：「我快到橋頭了，能不能讓我先過？」農夫一聽，立馬怒斥道：「你沒看見我推著車嗎？掉頭很麻煩，我不讓。」男士聽完這話也生氣了，兩人便在橋上吵了起來。

這時，橋下漂來一艘小船，船上有位老和尚，兩人立刻要他來評理。和尚聽完事情原委後，笑笑地對男士說：「既然你讓這麼多人先過了，為什麼不能再讓他一次呢？既不會浪費時間，你也能更快過橋。」

男士心裡還是不服，抱怨道：「憑什麼是我讓？」和尚回答：「之前你讓大家，是為了保持紳士風度，那麼再讓他一次，才能繼續保持你的風度。」男士聽完終於放下堅持，默默地禮讓農夫先過。

生活中的摩擦無處不在，若凡事都斤斤計較，恐怕就只剩矛盾與衝突了。那些蠅頭小利本來就無足輕重，主動忍讓，讓自己保持風度，同時還能照顧到他人，何樂而不為？

另一個故事也是一樣的道理。有一家人到親戚家做客，叔叔為了歡迎他們來訪，把最好的茶葉拿出來，還買了一套新茶具。

叔叔沏好茶，將茶具放在桌上後就進了廚房。突然，桌上的茶壺掉到地上，裂成了碎片。叔叔聽到聲音後趕緊從廚房跑出來，並下意識地說：「沒關係的，不用賠。」而這家人的爸爸馬上說：「對不起，是我不小心，我會賠的。」

回家途中，兒子不解地問爸爸：「你怎麼不告訴叔叔，那個茶壺是自己倒的？這樣我們就不必白白賠償一個茶壺了。」爸爸說：「我知道，他們家新地板不平，茶壺放在桌上自然會晃，應該是晃倒了。」

兒子接著問：「那為什麼不直接告訴叔叔？」爸爸說：「你叔叔沒有看到當時的情況，如果我執意辯解，就會傷到他的面子，一個茶壺沒多少錢，要是因此傷了和氣就不值得了。」

人與人交往，不可能做到絕對公平。如果每個人都不容許自己的利益有絲毫受損，那麼就很難與人相處。所以遇事不妨主動吃虧，這樣就可以大事化小，小事化無。再說，主動吃點虧能夠顯現你的風度與涵養，這是人人都欣賞的品性。

香港首富李嘉誠，也可以說是主動吃虧的代表。

曾有記者訪問李嘉誠的兒子李澤楷：「你的父親一定教你很多經商賺錢的方法吧，能不能分享幾個呢？」李澤楷說：「他沒有多說賺錢的方法，但讓別人多拿一點的道理，倒是教了不少。我父親總說如果有一筆生意，原該自己拿八成，那就一定要少拿一成，多給別人一成，總之不能多拿。」

父親還與他分享一則故事：從前有個人和朋友合夥，後來所有錢都賠掉了，僅剩一些設備還有點價值，於是他便把設備全部留給朋友，什麼也沒拿就走了。幾年後朋友東山再起，第一個想到的合夥人就是他。

主動吃虧是一種風度，沒有風度的人，沒人願意與他合作，那麼生意夥伴一個個離去，才是真正的失敗。李嘉誠正是懂得這個道理，才教兒子主動讓利。

雖然李嘉誠總是少拿一些利潤，但是經由客戶介紹更多生意，反而能獲得更大利益。這位富豪一生與很多人合作過，這樣的風度和器量，為他贏得了很多忠誠的合作夥伴，所以事業越做越大。他的成功，正是源於這種處事交友皆主動讓利的方式。

生活中，懂得主動吃虧的人是真正的智者，只有真正胸懷寬廣、富有智慧的人才能保持風度、處處忍讓。而大家會將你的好看在眼裡，時間長了，就能贏得周圍人的好感。

4. 主動找虧吃是傻子嗎？不！你得懂得背後的大智慧……

一份工作是否能讓我們感到滿足，除了工作內容外，也與周圍同事相處的狀況有關。

出社會後，大部分時間都與同事待在一起，工作也經常需要團隊共同完成，若是夥伴處理事情的方式與自己不同，就容易產生人際關係的壓力，這對工作有很大影響。發生這種情況時，我們需要學習吃虧，以適當地妥協來調節人際關係、緩解壓力。

筆者曾經聽過一個故事。方宇和鄭凱是3C產品公司的銷售員。方宇是上司，負責聯繫客戶，帶領部門達到目標銷售量，因為他管理極佳，所以總是讓部門在銷售排行榜上名列前茅。而鄭凱是下屬，負責接待與銷售，對推銷相當有一套的他，是部門內的「銷售王」。

有次，鄭凱誤將原價一萬五千元的筆記型電腦，以五千元的價格賣了出去。儘管他一直是銷售冠軍，但公司硬性規定，一旦銷售員犯了這樣的錯誤，必須以開除作為懲罰。負責與上司溝通的是方宇，所以應由他向老闆報告這件事。

鄭凱認為自己會被炒魷魚，所以整日無精打采。但過了整整一周都沒有收到開除命令，甚至連懲罰都沒有，便趕緊找人打聽是怎麼回事。這才知道，方宇將錯誤完全承擔下來，他告訴老闆，是自己將價錢貼錯了，才導致鄭凱以錯誤的價格將電腦售出。更令鄭凱感動的是，方宇不僅背了黑鍋，還替他補上了一萬元的差額。

鄭凱滿心感激和抱歉，特地拿著一萬元想還給方宇、表達感謝，誰知方宇不僅不拿錢，還一點都不怪罪鄭凱。方宇表示很感激鄭凱的付出，要是因為犯一次錯就開除他，那損失可是遠遠超過一萬元。

方宇認為自己沒有做好監督，也有失職之處，承擔責任是應該的。看到鄭凱還是內疚地低著頭，方宇笑笑地說：「一萬元當作投資，銷售冠軍一定會很快幫我賺回來的。」

這次事件之後，鄭凱再也沒有犯過類似的錯誤，還比以前更努力工作，團隊裡的其他人知道了這件事，也更忠心跟著方宇。團隊銷售業績一路飆升，沒多久，方宇就被提拔，鄭凱和其他幾個同事也都成了銷售經理。

方宇承擔了他人的錯誤，還賠了錢，任誰看來都是主動找虧吃，但從結果上來看，他並沒吃虧。要是將這件事交給老闆處理，鄭凱一定會被開除，團隊就會面臨換人，新人要多花時間適應，其他員工也會因這件事留下陰影，害怕犯錯被開除。

方宇犧牲自己保住鄭凱，讓團隊保持穩定，甚至比以前更和諧、團結。這樣的團隊氣氛，升職加薪絕對不難。所以，主動吃虧並不傻，周圍的人會因為你的風度產生好感，人際關係就會更加和諧。

另一個故事也是同樣的道理。有間公司，某月由於人事部的統計問題，財務科的吉羅德多發給員工斯奈倫伯格薪水。吉羅德發現之後，匆匆找到斯奈倫伯格，向他說明事由，希望他退還多發的薪水，卻遭到他的拒絕。

雙方爭執了很久都沒有結果，吉羅德生氣地回到辦公室，想著要從斯奈倫伯格下個月的工資中扣除多發的薪水。過了一會，他冷靜下來思考，要是這麼做只會讓斯奈倫伯格更生氣，兩人關係更僵，工作更不順利。雖然人事部的確統計有誤，但自己也並非全無責任。

他想，不如自己解決這件事，只有自己吃點虧，才能讓大事化小，小事化無。於是吉羅德向老闆報告這件事，並將一切錯誤攬下，然後自掏腰包彌補多發的薪水。

斯奈倫伯格知道此事後感到很愧疚，便將多發的薪水還給吉羅德並向他道歉，兩人成了好朋友。

敵意可以增加，也可以消滅。如果互不相讓，那麼兩人的積怨只會越來越深。相反地，吉羅德先示好，跨出友善的第一步，讓彼此都少了敵人，多了朋友。

俗話說：「伸手不打笑臉人」，主動讓步是表現友好的一種方式，他人會因為你的大度對你產生好感，更願意與你相處、合作，對事業發展有極大的好處。不要計較積怨、害怕吃虧，人心都是一樣的，只要付出，他人必會感恩，友好的氛圍就是人際關係的理想狀態，在這樣的環境下工作，事業一定會越來越順利。

5. 搶功、自滿只會為自己樹敵，想要結交盟友，就得學會推功攬過

大家都喜歡追求名利，不願承擔過錯，因此若遇上和利益有關的事，很少有人能做到推功攬過，謙讓為主。

實際上，送一份榮耀給他人，就得一份人緣；攬下一份過錯，就得一份進步。推功攬過是一種處世智慧，也是一種大將風度。

「法國球王」席丹（Zinedine Yazid Zidane）與「足球金童」貝克漢（David Robert Joseph Beckham），兩人曾是[1]皇家馬德里俱樂部（Real

Madrid Club）的隊友，但在各自國家隊賽場上，卻是彼此的對手。

二〇〇四年，英法大戰。當時，英國隊領先一球，後來法國隊長席丹在五十分鐘內連進兩球，逆轉局勢，反敗為勝。

接受賽後訪問時，席丹先讚揚教練指導有方、團隊默契配合，然後特別感謝守門員在關鍵時刻擋住貝克漢的進攻，沒讓差距拉大，影響大家的信心。記者稱讚他進了兩顆球逆轉局勢，他卻只是謙讓地說，這個勝利屬於偉大的法國隊，將一切歸功於隊友與教練。因為他的謙遜，媒體無一例外地讚揚了法國隊的默契配合與體育精神。

❶皇家馬德里足球俱樂部位於西班牙首都馬德里，其成立於一九〇二年三月六日，是世界球壇贏得最多次西班牙甲級聯賽和歐洲冠軍聯賽冠軍的足球俱樂部。

席丹瀟灑推功，敗軍之將貝克漢則是大氣攬過。

球賽上半場，貝克漢利用一次罰球機會助攻蘭帕德（Frank James Lampard），讓英國進了場上第一顆球。但是比賽當天英國隊狀況不佳，無法阻擋法國隊的猛烈進攻。雖然貝克漢抓住機會製造點球，卻被對方的守門員擋住。下半場，英國隊狀態持續低迷，最終輸掉了比賽。

賽後，媒體質疑英國隊教練指導無方，並批評英國隊的狀態與比賽情緒不佳。面對這樣犀利的指責，貝克漢將過錯攬下，他先感激蘭帕德的進球，讓整支球隊氣勢大增，並說是因為自己在關鍵時刻失誤，才導致球隊最終戰敗，為英國隊保全了面子。

足球靠的是團隊合作，無論失敗或成功，都絕對不是一個人的錯，貝克漢卻以大將之風攬下過失，為的就是保全球隊；而席丹作為最大功臣，卻絲毫不提自己，將榮譽全部讓給隊友，這兩種美德都很值得我們學習。

現代社會中，很多事都需要透過團隊合作解決，當有功勞時，團隊裡的成員必然會互相競爭；而有錯誤時，很少人願意承擔責任，因為一個團隊這麼多人，有過失也不會是一個人的問題，獨自承擔相當吃虧。而一起創造的榮譽，若讚賞比別人得到的少，也會感到不滿。在這種心理狀態下，就難免會「爭」，但其實團隊是一榮俱榮、一損俱損的，貝克漢和席丹正是明白這個道理，才會推功攬過。

面對名譽不為所動，是為人處事的智慧，也是一種氣度修養；而面對錯誤反省自己，更是一種果敢的勇氣。會處事的人，知道把榮譽留給別人，不爭鋒芒、反省自己。就如同下面這則故事。

東漢時期的名將馮異，常被稱為「大樹將軍」。他有才華，卻從不自傲，即使戰功赫赫，始終低調做人。

更始元年，王郎發起叛亂，大司馬劉秀率領王霸、馮異一起討伐王郎。在這場戰役中，馮異在十分艱難的情況下，千方百計的地克服各種困難，為河北地區的軍隊籌措糧食、保證後方供給，使軍隊能持續作戰；還為軍隊煮粥、為將士取暖烘衣，讓團隊能恢復戰鬥力。最終取得勝利，活捉王郎，平息叛亂，劉秀讚馮異「功勳難估，當立頭功」。

回到宮中，劉秀設宴論功行賞，唯有馮異沒有參加宴會。大夥兒發現他躲在一棵大樹下，便要他去領賞，他卻說什麼都不肯，侍衛只好連拖帶拉地把他帶到劉秀面前。

劉秀問他為何不受賞，他將功勞都歸給下屬和前線戰士，不願領功。但劉秀仍堅持賞賜，馮異拗不過，就將封賞全給了自己的偏將與戰前將士，並感激所有人的大力協助。

馮異的做法就如儒家提倡的中庸之道：不搶功、不自滿，將人際關係處理得恰到好處。於上，劉秀覺得他才華橫溢卻淡泊名利，是可以依靠的好臣子；於下，下屬感激他時時刻刻給予恩惠，皆忠心耿耿地為他效力；於中，由於他不搶功，沒有樹立敵人，所以身邊的同僚都十分欣賞他。

沒有人可以憑藉一己之力獲得成功，成功是踩著別人肩膀得到的，因此要懷著感恩之心，多把好處讓給別人。許多人就是因為忽視了這點，吝於和他人分享，才導致失敗。

將功勞歸於他人不是吃虧，而是謙遜、懂得感恩的表現。遇到錯誤時，多多承擔也不是損失，因為攬錯可以為自己爭取成長的機會，也可以保全身邊的人。當周圍的人、團隊都好，最終還是自己賺到好處。

6. 打雜工看似低階，其實壓根兒是「全才」訓練班

剛進入職場時，我們都以為做好本分就行，但時間久了，漸漸發現會被安排去做分外之事，有時甚至超出工作範圍。

這件事讓很多人苦惱，佔用額外的時間和精力，卻得不到利益回報，有種做白工的感覺。其實遇到這種避免不了的虧，不如換一種想法，下個故事就能讓讀者看看，主動吃虧能帶來怎樣的福氣。

小張畢業後，懷著在職場大展抱負的野心，進入一家電力公司工作。結果不到一周，他就發現事情與原本想像的完全不同。

在公司裡，大家完全把他當作打雜工，除了自己的工作，還要做很多其他的雜事，根本無法一展長才，小張覺得很不平，便起了辭職的念頭。

心情低落的小張向朋友訴苦，朋友勸他：「新人都會遇上這樣的事，既然躲不開，不如主動點，說不定會有變化。」小張半信半疑，決定按照朋友說的試試。

隔天起，小張不再被動，而是一到午餐時間就主動詢問、幫大家訂餐，經過別人座位時，看見誰的杯子空著，還主動幫忙倒水。除了自己的部門，也老是往其他部門跑，成了名副其實的「打雜工」。大家看他這麼積極，不好意思地連連感謝，他只說：「就是一件小事，不必客氣。」

調整自己的心態後，小張發現這些事不再煩人了，習慣了為同事們服務，也與大家更親近，小張對這樣的人際關係感到很滿意。

因為小張的熱心服務，所以大家有事就習慣性地想起他，他也因此學到很多東西，漸漸成為一個「全才」。

隔年，公司升職競賽，業務部來找他，辦公室主任想留他，他成了第一熱門人選，最後還晉升為最年輕的主任。而其他同事對他的為人也大加讚賞，沒人嫉妒他，反而都覺得他應該得到這樣的待遇。

轉換自己的心態，化被動為主動，是處理人際關係最好的辦法。職場上沒那麼多應不應該，學會調節自己的心態，不妨主動吃虧。

吃虧，就是比別人付出更多，但同時也會得到收穫，而且別人將你的努力看在眼裡，也會記在心裡。這就是為自己累積人際財富，好印象

比什麼都能抓住人心。

接下來這個例子也是一樣的道理。

李陽在一家廣告公司做企劃，企劃團隊內相當競爭。因為他在這方面很有天賦，所以剛來不久就得到了上司的賞識，但這也讓他的組長十分嫉妒。

因為李陽表現優秀，組長總是故意刁難他，讓他做最多、最難的工作。每次他呈上企劃書，組長總是挑三揀四；就算通過了，組長也將功勞攬在自己身上。

同事們曾經嫉妒李陽薪水很高，但看到組長如此過分，也為他打抱不平。大家以為李陽有天一定會反抗，但他始終不做聲，還向組長要求做更多工作。

每次做完，還主動去請組長替他修改，並對組長說：「這個案子因為您改得好才成功的，所以不能說是我做的。」組長聽他這麼說，更名正言順地把功勞往自己頭上攬。同事問他為何不反抗，他也只是笑說：「組長是考驗我呢，多做點不吃虧。」

有次，組長正在修改李陽的企劃案，正好被經理看到，組長一臉尷尬地說：「他有些地方做得不好，我幫他看看。」經理拿過企劃案看了看，說：「我覺得很不錯，要不你做一份更好的給我？」說完一臉嚴肅地離開了。

原來經理早就知道那些工作不是出自組長之手，因為李陽的作品很有個人風格。本想等他告狀，替他主持正義，結果李陽一直沒動靜。這樣低調的處事態度贏得經理的好感，之後便被提拔為企劃主任，而那位組長因為犯了錯而被辭退了。

主動吃虧看起來傻，但卻不失為一種側面進攻的方法。有時候，需要繞個彎，才能達成目標，例如接下來的故事。

有個人名叫阿城，他畢業於機械工程系，擁有豐富的實習經驗。第一份工作，他以技術指導員的頭銜被錄取，可是進公司後，他發現實際工作是普通的裝配工，薪水也比之前談的低很多。

阿城感到忿忿不平，但辭職也不是辦法，於是他決定轉個念，在每天做完分內工作後，再主動跑到技術部門幫大家打掃。時間久了，技術部門的人都很喜歡這個年輕人。

師傅們與阿城聊天的過程中，發現他對技術專業很有一套。有次，一個複雜的模具出了問題，師傅們向他請教，阿城馬上憑藉過人的專業知識，一下子就將難題解決。

這件事傳到了主管耳中，他們觀察阿城的表現，覺得虧待了這個年輕人，便很快把他調到了技術部門。

吃虧時，需要較高的心理素質來應對、冷靜分析問題，最好將被動化為主動，因為主動吃虧就等於主動獲得，懂得這個道理，成功就在不遠處等你。

小道理大智慧

建立人脈關係就是一個挖井的過程，
付出一點點汗水，
得到源源不斷的財富。

——人際關係大師　哈維．麥凱（Harvey Mackay）

Section
02
酸民其實不酸，重點是——你得「自信爆棚」

7. 畫條線就能賺到三十萬的祕密是……？

願意主動降低身分的人，常常給別人隨和謙遜的感受，要是以為這樣的人好欺負，那可就錯了。願意這麼做的人，往往都有大智慧，懂得禮讓他人，讓自己得到想要的東西。

據《新序·雜事》中記載，春秋五霸之首的齊桓公，就是禮賢下士，主動降低身段求取人才的典範。正因如此，他成為春秋五霸之首。

當時有位平民名叫小臣稷，大家都稱讚他是不可多得的賢士。

齊桓公得知此人消息後，馬上親自去拜訪。第一次小臣稷推託不見。齊桓公不氣餒，一天之內三次求見，但始終沒有見到小臣稷。

齊桓公的手下生氣地說：「您身分尊貴，他只是一介平民，您來見他就已經不合禮數了，大可直接召他進宮，他也不能不照做。現在您已放下身分，他卻不見，實在是有損您的面子啊。」齊桓公回答：「不能這麼說，賢能的人原本就看不上榮華富貴，所以才敢輕視君王；換作君主傲視霸業，也會輕視賢士。但縱然有賢士傲視君主，我卻不敢傲視霸業啊。」

之後，齊桓公又拜訪兩次，最終才見到了小臣稷。

齊桓公欲成就霸業，就必須有賢士輔佐，但有才之人往往輕視權貴，所以需要君主放下身段誠心邀請。齊桓公用這種方法，讓天下人才樂於為他效力，為他的成就奠定基礎。

無獨有偶，流傳千古的三顧茅廬，也是劉備放下身段，才請到諸葛亮，為蜀國創造獨霸一方的局勢。

三國時期，劉備想要平定天下，因此求賢若渴。司馬徽和徐庶向劉備舉薦諸葛亮，說他才智過人，得此人如得天下。劉備聽說後，立刻帶上關羽和張飛前去拜訪。

一顧茅廬，諸葛亮聽到消息，故意躲開，三人無功而返。

再顧茅廬，諸葛亮還是藉口和他人有約，避而不見。當時正值寒冬，風雪交加，三人在嚴寒中苦等，卻再次空手而歸。

劉備貴為主公，兩次降格來草廬拜見，諸葛亮卻連續躲避，相當失禮。張飛和關羽感到不悅，打從心裡對諸葛亮有了成見，但是礙於劉備一心求賢，兩人只好再次跟著他來拜訪。

三顧茅廬，諸葛亮這次終於在家，但是卻在家中呼呼大睡。劉備靜靜地站在門口等待。兩個時辰過去，還是一點動靜都沒有，張飛和關羽氣得想要叫醒諸葛亮教訓一番，但被劉備攔下，三人就這樣默默地站在門口等待，直到雙腿發軟，諸葛亮才前來迎接。

諸葛亮將劉備請進屋中。這三次的造訪，讓諸葛亮知道劉備是真心求才，於是他說出自己的見解，並答應輔佐主公成就事業。

身分象徵榮譽、地位，主動低頭可以滿足對方的虛榮心，讓他感到有面子，自然更容易接受要求。不懂得這個道理的人，便難以獲得想要的東西。

作為一位領導者，要學習放下身段，用主動吃虧的方式求得人才，古今中外有智慧的人都這麼做，例如美國著名的福特公司（Ford Motor Company）創始人亨利・福特（Henry Ford）。

一九二三年，福特公司有台大型發電機故障，所有內部工程師都無法修理。福特焦急萬分，便透過管道，請來一位德國籍科學家斯特羅斯。

斯特羅斯到後，爬上爬下地在機器各處靜聽空轉的聲音，接著用粉筆在發電機的左邊畫了一道線，並說：「多了十圈線圈，拆掉多的線圈就行了。」技術人員照做，發電機果真運轉了。

所有人都非常佩服這位科學家，但他只說：「不用謝，給我一萬美元（約新台幣三十萬元）就好。」大家都認為他趁機敲竹槓。

斯特羅斯說：「用粉筆畫條線不值一萬美元，但知道該在哪裡畫線的技術，肯定超過這個金額。」最後，福特不僅愉快地支付一萬美元酬金，還表示願意高薪挖角他。誰料，斯特羅斯毫不動心，他說不願背叛現在的公司。於是福特心一橫，乾脆把他任職的公司買下來。

員工都不能理解，畫條線就要一萬美元，本來就是虧本的買賣，老闆竟然還為他買下公司，大家都覺得這位科學家太囂張。

但事實上，斯特羅斯沒有因此驕傲，反而感激福特如此重視自己，更努力為他賣命，最後成為公司最重要的技術人員之一。

成大事者要懂得以人為本，懂得放低身段，讓對方感到被重視、尊重，就是作為上司拉攏人心的最好方式。

8. 曹操竟然放過把自己祖宗罵得狗血淋頭的人，還幫他加官晉爵？！

生活中有很多摩擦，對於這種小事，若是斤斤計較、硬要反擊，只會沒完沒了，即使吵贏了，也不過是空洞的勝利，沒什麼意義。此時一句抱歉或一笑而過，就能減少浪費精力，何樂而不為？

北京地鐵是出了名的擁擠，特別在上下班高峰時，不小心踩到別人是家常便飯。有天，一位小姐排隊等地鐵，被身後的人踩了一腳，她生氣地罵道：「你眼睛長在後腦勺嗎？」身後的人一聽，本想道歉的心瞬間也惱火了，兩人就這麼誰也不讓誰地吵了起來。講到激動處，那人推了小姐一把，幸好趕來調解的人及時拉住，否則她就會踩空掉入鐵軌。地鐵速度快，班次又密集，若真的掉下去，後果不堪設想。

原是一句對不起、沒關係就能解決的事，但因為誰也不想退讓，險些釀成慘劇。如果當時其中一人能忍住火氣，也許就不會有後面的口角。為了一點小事付出代價，未免太不值得。

所謂「曹操諸葛亮，脾氣不一樣」。每日與不同的人接觸，難免會發生摩擦。遇到這些事，我們總是會反駁或抗拒，但卻不一定有效果。正在氣頭上的人聽不進勸，也許可以換一種方式，用忍耐換取平靜，稍稍退讓就能解決問題。

明朝王錡編寫的《寓圃雜記》中，記載了楊翥（音同住）的故事。楊翥雖然為官，卻和百姓一樣，住在簡陋的房屋內。這也就罷了，偏偏他的鄰居都是不好相處的人。

有日，左邊鄰居丟了雞，不分青紅皂白就認定是他偷的，於是鄰居站在家門口大罵：「姓楊的偷雞！」附近姓楊的只有楊翥一家，分明就是拐著彎罵他。楊翥的家人氣不過，問他該如何應對，楊翥說：「天下姓楊的這麼多，又怎麼知道他在罵我呢？」他不反駁，鄰居也不好意思再無理取鬧。

而右邊鄰居一到雨天就把自家積水引到楊翥家院子，但他始終不生氣，還勸生氣的家人說：「晴天比雨天多，不必計較。」

時間久了，鄰居們被感動，不僅不再為難他，還主動跑到他家請罪，鄰里關係越來越好。

鄰居的誤會和刁難並沒有讓楊翥感到氣憤，他用忍耐換取和平，不僅讓自己免於爭執，也讓鄰居反思自我，避免進一步的誤會，在鄰里間贏得了好人緣。

容忍是修養的一部分，一個能容忍、不逞一時之快的人，肯定是氣量過人、修養極高之人。人們衝動時，往往聽不進意見，因為情緒會左右理智。此時，爭執只會讓事情惡化，不如忍下不滿、平靜面對，給自己也給他人一點空間冷靜思考。再來看以下這則故事。

袁紹有個手下名叫陳琳，他才華洋溢，是三國時期有名的賢人。袁紹想討伐曹操，便命陳琳寫了三篇檄文。檄文中，將曹操祖孫三代罵得狗血淋頭。

之後，袁紹戰敗，陳琳被帶到曹操大營。原本曹操一見他便怒火中燒，但就在大家都認為陳琳難逃一死時，曹操卻下令放了他。不僅如此，還委以重任，充分肯定他的才華。陳琳十分感激曹操的不殺之恩，往後對他忠心耿耿，為他出了不少好計策。

曹操的確生氣，但殺了陳琳只能解一時之氣；忍下憤怒不僅能顯現出自己的胸襟氣量，還能招募到賢才，一舉兩得。

看過前面的例子，我們知道忍讓並不是懦弱，反而是一種智慧的表現。既可以避免不必要的麻煩，也能讓我們得到他人的肯定。

就像發明避雷針的班傑明．富蘭克林（Benjamin Franklin）說的：「如果你老是爭論、反駁，也許偶爾能獲勝，但那只是空洞的勝利，因為你永遠得不到對方的好感。」

9. 研究顯示，「自信爆棚」不是壞事，而是贏家的共同特質

被別人欺負時低頭成全他人，你認為這是軟弱嗎？明明是你的功勞，卻被別人搶走，你覺得很吃虧嗎？如果你這樣認為，只能說明你還

不夠自信，因為**擁有足夠自信的人內心是富足的，不會斤斤計較。**

有位先生開車回家，到停車場時，他發現停車位上有對年輕情侶正在吵架，那個男孩低聲下氣地向女孩道歉，但女孩說什麼也不理，不給男孩好臉色看。

他打算等情侶走後把車子停進去，於是就開到旁邊等待，沒想到那個男孩突然朝他大吼：「看什麼看，還不快走！」他沒有生氣，仍然坐在車上等候。男孩看他不走，便氣得過去一邊捶著他的車子，一邊說：「你再不走我就不客氣了。」

沒想到，這位先生竟然下了車，開始低聲下氣地向男孩道歉，就像整件事情都是他的錯。男孩哼了一聲，回去對女孩說了些話，接著兩人一起離開了。

回家後，這位先生把事情始末告訴他的妻子，妻子問他為何這麼做，他說：「我只是想讓男孩在他女朋友面前更有尊嚴一點。」

其實，這位先生是城市裡最富有的商人之一，平時在商場上叱吒風雲，根本無法想像他會低聲下氣地向那男孩道歉。

人人都愛面子，給別人面子，其實相當於給別人一份厚禮，只有自信的人才能經常施與，就像故事裡的這位先生，他不需要透過與男孩爭執來顯現自己的強大，因為他擁有足夠自信，所以才能如此淡定地放低身段。

能放低自己、讓出名利，都是自信的表現，正因如此，他們才能不計較地成全別人。下面這個故事也一樣。

郭解是西漢時期有名的俠客，他仗義公正，很多人都相當敬佩他。

一次，有兩個人結怨，請來當地幾個有名望的人幫忙調解，都無法讓兩人和好。身邊的人替他們著急，特地請郭解來為他們調解。

郭解接受請託後，每天跑到兩家說服，他們受到郭解的為人和口才打動，順利和好如初。

兩人想要宣布和解的好消息，並向鄰里推薦郭解，提高他的名望，郭解卻請他們將功勞歸於之前來說服的鄉紳們。兩人不明白，郭解解釋道：「有名望的人都調解失敗，反而是我這個外地人完成這件事，傳出去，他們可能因為被說不如我，或覺得你們不把他們放在眼裡，而感到沒面子。」

兩人不在意，依然想向鄰里推薦他。郭解連忙勸誡：「若是害他們丟了面子，以後你們倆遇事，他們就不會幫忙了。明日我離開後，你們再次請鄉紳上門，假裝在他們的調解下和好，照著我的話做吧。」

郭解長途跋涉為他們調解，最後卻把名譽讓給當地素不相識的鄉紳，是因為他明白，成全他人就是方便自己，未來那兩個人若是有麻煩，鄉紳們也會盡力幫助。做了好事不留名，還將好處留給別人，郭解甘心吃這個虧，不是傻，而是有自信。

內心富足的人，因為自信而施與，時常給足別人面子，選擇放低身段，也會因此而收穫成功。

一九八四年，中國企業家柳傳志，野心勃勃地邀請研發出「漢字資訊處理系統」的倪光南一同創業。由柳傳志出資、創始、作為法人代表；而倪光南則擔任公司主要技術研發人員，兩人開始創造「聯想」（Lenovo）這個品牌。

但當公司開始廣告時，創辦人柳傳志卻放棄宣傳自己的機會，反而在公司內外，一致以倪光南作為企業形象代言人。

柳傳志把付出隱藏起來，多年來將盛名毫無保留地讓予倪光南，以致於知道聯想的人常忽略了這個真正的創始人。

柳傳志毫不介意這些小事，他說：「公司的品牌形象很重要，我覺得老倪比我合適，他為人謙虛，外界也喜歡他……。」倪光南也因此心存感激，於是投桃報李，對工作全力以赴，漸漸讓聯想成為頂尖企業，為後續發展奠定好基礎。

柳傳志放低自己，將功勞和名聲都歸到夥伴身上，讓品牌能在好口碑與凝聚力中更順利地發展，這種讓名讓利的做法，最終換來了巨大的成功。聯想成為中國電腦業的龍頭，源源不絕的名聲和財富，也讓柳傳志成為有名的人物，他並沒有因此而吃虧，而是獲得更大的成功。

10. 臥薪嘗膽的越王勾踐竟然也曾經「吃大便」？！

歷史上，有很多偉人因為低調行事、主動示弱而躲過滅頂之災，得到事業重生的機會。

人們為了利益爭執搶奪時，就容易引起怨恨紛爭，對事業發展有百害而無一利。況且人生難免有需要委曲求全的時刻，學會藏起自己的鋒芒，必要的時候吃點虧，以便爭取發展自我的時間和機會，才是有智慧的表現。

春秋戰國時期，勾踐在會稽之戰一敗塗地，無奈地前往吳國服侍吳王。

到吳國後，吳王夫差安排勾踐夫妻倆及范蠡當自己的馬夫，讓他們擠在一個小草棚裡住。夫差擔心勾踐有二心，便派人暗中監視。只見這三人白天一起辛苦勞作，晚上回家共居陋室，沒有絲毫怨恨與嘆息聲，夫差見勾踐似乎真的沒有報復之心，一副甘願為奴的樣子，這才稍稍放心。

有日，三人待在屋裡，突然來人傳喚范蠡，說是夫差病重，請他前去占卜吉凶。范蠡一算，說病幾日之後便好，不用擔心。勾踐不悅，他希望夫差能病死，好讓自己逃回越國。

范蠡知他心中所想，便湊到他耳邊說：「大王，我有一計，或許能僥倖逃脫成功。請大王進宮求見，倘若成功進到殿內，大王就求取夫差的糞便嘗一口，再連連道賀，說他的病幾日後就能好了，那麼他痊癒後必念大王忠孝之心。只要消除他的戒心，大王就能回國了。」

勾踐知道這是唯一逃脫的方法，但身為一國之君，竟要受此等屈辱，不禁雙淚橫流。范蠡奉勸他：「以前紂王囚禁西伯，殺了他的兒子邑考，並做成肉羹要西伯吃下，作為父親的他還是忍痛吞食兒子的肉。要做大事，不能在意細節。夫差容易心軟，只有這麼做，才能讓他憐憫。」勾踐沉默許久，決定照著范蠡的提議去做。

於是勾踐求見夫差，並在進入室內後說：「我聽說大王生病了，祝大王早日康復。大王肚子痛的症狀，我或許可以替您瞧瞧。」話沒說幾句，夫差果然腹痛難忍，旁邊的侍衛趕緊遞上便盆。

一會兒，侍者正要退下，勾踐連忙叫住他，接著打開便盆，取糞便放在口中說：「大王的病就要好了，我聽醫師說過，糞便是穀的味道，順氣則生，逆氣則死。現在我嘗大王的糞便，味苦且酸，正應了春夏的生髮之氣。」夫差看到勾踐的作為，又聽到這席話，相當感動。

之後，夫差便命三人搬出陋室，為他們安排了附近的民舍居住，並許諾病情好轉後就讓勾踐回國。過了幾日，夫差的病況果然漸入佳境，勾踐也如願回到越國。

回國後的勾踐臥薪嘗膽，鼓勵農業生產、潛心發展兵力，幾年後一舉消滅吳國，痛報當年之仇。

當時的勾踐背負著亡國恥辱，照理說應和夫差決一死戰，但是他卻選擇屈居人下。就是因為當時越國戰力微弱，若是宣戰，等於白白送死。他唯一的辦法就是服從對方，讓自己有安身之處，以爭取發展的時間，韜光養晦，等待時機成熟。

勾踐知道即使投降，夫差還是不能放心，稍有差池自己可能就會斷送性命。只有忍常人所不能忍的屈辱，才有翻身的機會，所以即使貴為一國之君，還是嘗食了敵人的糞便，雖然痛苦，但對於懷抱著復國志向的他而言，這虧必定得吃。勾踐甘為人下，但沒有人因此瞧不起他，反而稱讚他大丈夫能屈能伸。

而康熙則是忍辱受制於人，找機會除去奸臣。

康熙即位時年紀很小，由顧命大臣鼇拜替他主持國政。鼇拜勢力龐大，根本沒把小毛頭放在眼裡，心中一直有篡位的念頭，便經常無視皇權，越過皇帝自行對大臣進行賞罰，許多忠臣都成了他的刀下鬼，無奈大家都敢怒不敢言。鼇拜的野心不是祕密，康熙雖然有心殺賊，但苦於當時人脈不足，對手權力又太大。

有次，鰲拜假稱自己生病不上朝，要康熙親自去探望他。康熙假裝不知道不合禮節，前往鼇拜府上探望。進入臥室後，御前侍衛立刻發現鼇拜藏了一把匕首在床邊。

這個小皇帝非常聰明，知道時機尚未成熟，不足以扳倒對方，便沉著地說：「隨身帶刀是滿族人的習慣，沒有必要大驚小怪。」連鼇拜都被這個孩子的沉著震懾了。

若是當時沒有放下身段遷就鰲拜，之後就無法完美地扭轉局勢。康熙正是用大智若愚的方式，讓鼇拜對自己放鬆警惕，等年紀、經歷與人脈皆足夠後，才一舉除奸。康熙年紀雖小，卻懂得吃點虧為自己爭取空間，可謂智慧過人。

蘇軾也曾在《留侯論》比較豪傑和匹夫，闡述大丈夫懂得能屈能伸，真英雄能吃得眼前虧的道理。低調為人、收起鋒芒，是一種自保的方式。屈於人下只是表象，背後是為了達到目的所做的忍耐和等待。

11. 如果可以，你想不想踢踢看國家領導人的屁股？

如果有人故意讓你吃虧，先別急著憤怒報復，仔細想想，他們是不是因為對你充滿嫉妒，才選擇這麼做，好讓自己獲得成就感？

英國愛德華八世（Edward VIII）在達特茅斯學院（Dartmouth College）讀書時只有十四歲。某日，有位軍官發現他在角落裡哭，就詢問他發生什麼事。小愛德華一開始不肯說，在軍官的一再盤問下，他才說自己被同學們踢了屁股，而且不是一兩天的事了。

憤怒的軍官召集所有孩子，想找出欺負人的同學，但大家互相推卸責任。支支吾吾大半天，才有個孩子站出來說：「愛德華沒有犯任何錯誤，我們踢他是因為他將來是英國國王，這樣我們就可以告訴別人，我踢過國王的屁股。」

原來是因為這樣，愛德華才一直受到孩子們圍攻。這個答案看起來可笑，其實正好道出了這些人的心理：欺負一個有地位的人，能為自己帶來成就感。

沒有人會去欺負不具威脅的人，有能力、有價值的人，才會引起他人的嫉妒與報復。如果你因為才華或優勢招致吃虧時，不妨低下頭，保全自身，讓他們贏過你。

明代大師王陽明曾任兵部尚書，一生屢建戰功，最有名的就是明正德年間一舉拿下起兵造反的朱宸濠。

正德皇帝身邊有位寵臣名叫江彬，他十分嫉妒王陽明的功績，總認為王陽明阻礙他大顯身手，於是散布流言，直指王陽明和朱宸濠是同黨，誣陷這場戰爭是他自導自演的騙局。皇帝誤信謠言，便下令懲處。

此事傳到王陽明耳裡，他的手下建議他向皇帝解釋，要求懲罰這個小人。王陽明趕忙阻止說：「江彬散布流言，無非是嫉妒我的功績，硬碰硬只會讓他狗急跳牆，不如把功績讓給他，才可以避免災禍。」

於是他將功績全部讓給江彬，自己一點賞賜也沒拿，還稱病離開朝廷到寺廟休養，流言才漸漸平息。

事後，王陽明的手下回到朝廷，向皇上報告他推功避禍的事蹟，皇帝知道自己誤會了他，才免去了對王陽明的懲罰。

王陽明推功自保非常明智，正如他說的，一味追究只會讓小人狗急跳牆，得不償失，不如低頭吃虧，等待風頭過去。

吃虧時要忍耐，他人嫉妒我們，一定是因為我們擁有對方得不到的東西，比如名聲、才華等，正因為拿不走，才選擇攻擊。

戰國時期偉大的軍事家孫臏，原名孫伯靈，因受過臏刑（砍去膝蓋以下部位之刑），才被稱為孫臏。

孫臏與龐涓原是同在鬼谷子門下學習兵法的師兄弟，出師後，龐涓擔任魏惠王的軍師。小心眼的龐涓自知才華不如孫臏，便派人把孫臏請到魏國，加以監視。

孫臏到魏國後，龐涓更嫉妒他的才能，於是就設計陷害，使他受殘忍的臏刑和黥刑（在犯人的臉上或額頭上刺字之刑），害他終身殘疾。

遭遇這樣的不公後，明智的孫臏決定忍下恥辱，等待機會。

終於，有次齊國的使臣到魏國拜訪，他密會齊國使者，並說服對方將他偷偷送到齊國。使臣覺得孫臏是位不同凡響的人物，便照他說的做。果然，孫臏到齊國後大受田忌的賞識，在田忌門下當門客，為他出主意。

西元前三五四年，魏軍包圍趙國，經過數年的征戰，趙國漸漸無法支撐，於是向齊國求助，齊王任命田忌為將，孫臏為軍師，率八萬人馬出兵救趙。

一開始，田忌打算直接出兵攻魏，但孫臏卻說應該避實就虛，擊中要害。他建議，魏國精銳部隊都在趙國，內部空虛，此時若帶兵直攻魏國都城，佔據交通要道，那魏軍必得放下趙國回師自救。我軍便可埋伏在魏軍回程，趁其疲憊大敗魏軍。於是他們照著孫臏的計策，如願解救了趙國。

十三年後，齊魏再度交戰，龐涓再次中了孫臏的計謀，龐涓自知智不如人，便在戰敗後自刎了。自此，孫臏成了名滿天下的軍師。

若說吃虧，恐怕沒有人比得過孫臏，無端蒙冤以及身體殘缺的打擊都令人難以忍受。若他當初只是一味記恨和顧影自憐，就會漸漸失去希望，變得更加不幸。

龐涓因為嫉妒孫臏的才華而陷害他，這正是孫臏值得驕傲的地方，他明白，即使龐涓砍去他的雙足，卻永遠搶不走他的才華，所以選擇放下仇恨，悉心鑽研兵法，等待一展長才的機會。他留下的《孫臏兵法》，也成為歷史上最有名的兵法著作之一。

吃虧，正是因為你夠優秀，所以更要低頭以此自保，是你的，他人奪不走，要學會等待更好的時機，讓自己綻放光彩。

12. 讓富蘭克林告訴你——退讓不是退縮，低頭不等於軟弱！

有個腦筋急轉彎是這樣的，一輛裝滿貨物的卡車，經過一個山洞，山洞頂部低於卡車兩、三公分，請問如何通過？

如果卸下貨物十分費力，換條路走更是耗費時間，最好的辦法就是把輪胎的氣放掉一些，讓卡車變低，既省時又簡單。

這個小題目，蘊含著豐富的人生哲理：我們總會遇到不得不吃的虧，化解的方法就是主動低頭。

在人際關係中有合作與競爭，發生摩擦在所難免，有時候自己沒做錯，但迫於現實不得不承擔；有時候是別人對不起你，卻因為客觀環境而不能討回公道。這些就是不得不吃的虧，當我們遇上這種狀況時，盲目地發洩報復，往往解決不了問題，就像題目裡的卡車，炸掉山洞、卸下貨物，或者走另一條路，只是給自己找麻煩，最好的辦法就是低頭，輕鬆化解問題。

美國科學家富蘭克林（Benjamin Franklin）曾遇到一件棘手的事，在選舉的關鍵時期，他的政敵寫了一篇很長的反對稿，並在文章中將他批評得一文不值，不僅對他的政見提出質疑，甚至進行人身攻擊。這篇文章來得突然，讓富蘭克林措手不及，無法即時回應，導致他的支持率急速下降。

富蘭克林思考多天，雖然不甘向對手低頭，但因為支持率持續下降，所以似乎只剩下這唯一的辦法，於是他主動回覆這位議員的信。在信中他隻字未提議員攻擊自己的事，反而稱讚對方學識豐富、見解獨到，接著表示羨慕議員海量的藏書，希望能借閱幾本。

收到富蘭克林的信，這位議員先是一驚，接著被富蘭克林真誠的措辭打動，產生一股虛榮心，便慷慨地回信答應富蘭克林的請求。

幾日後，富蘭克林又寫了信給議員，信中感謝他借書給自己，並向他請教一些問題，這些問題正與他們兩人不合的政見有關。富蘭克林的言下之意，是承認自己的見解不如議員，變相向對方妥協。

而議員見富蘭克林如此謙卑，便答應見面討論。在此次交談中，兩人達成共識，議員也相當佩服富蘭克林的才華，兩人成為好友。

事後，富蘭克林說：「這位議員是很有才華的人，雖然我對他的反對和攻擊很不滿，但正面衝突絕不是好辦法。當時我的支持率持續下滑，所以我必須向他低頭，但絕非阿諛奉承，只是找出他值得讚美和學習之處，謙虛地向他請教。」

富蘭克林十分聰明，了解對方是他的政敵，反對他是正常的，他能做的，只有把對方變成自己人。這位議員在富蘭克林的低頭攻勢下不再激進，慢慢地接受了他，這才有了後來的好結果。

低頭不僅能展現寬容與智慧，還能消除對方心中的牴觸情緒，讓彼此更加理智。低頭時，對方會感受到姿態在你之上，自然感到有面子。心理學指出：人在感到有面子的時候會產生積極心理，會對他人更寬容慷慨，也更容易與他人化解誤會。再來看看以下這則故事。

漢武帝時期，宰相公孫弘被汲黯上書批評。汲黯在奏摺中直指公孫弘沽名釣譽，居高位卻故意清貧度日，看起來清廉，實際上虛假做作，只是為了賺取名聲。漢武帝看了奏本很生氣，便叫來公孫弘盤問。

其實公孫弘自幼家貧，早就過慣了苦日子，正因如此，才對百姓疾苦有深刻體會。所以即使位列宰相，仍習慣節儉生活，加上心繫百姓，不貪不奢，確實是一個好官。但公孫弘沒想到，為官清廉竟為自己招來禍患，他無奈地到殿前回覆皇帝。

漢武帝問他：「汲黯說的都是事實嗎？」公孫弘回答：「是的。滿朝大臣中，汲黯與我關係最好，他當眾指責我，正是切中了我的要害。我位列三公卻只蓋普通棉被，吃飯只有一道葷食，確實是有意沽名釣譽，汲黯正是因為忠心耿耿，才向陛下報告的。」漢武帝聽完這席話，反而認為公孫弘為人寬厚，更加地尊重他。而汲黯知道這件事後，也覺得公孫弘為人正直，不再加以懷疑。

面對攻擊自己的人，公孫弘不辯解，反而加以稱讚，正是他的高明之處。這麼做，使他人不能加重罪名，而且承認自己沽名釣譽，就是最好的反駁。

對汲黯而言，公孫弘不僅沒有怪罪，還稱讚自己忠心，這正是一種抬舉，公孫弘用退讓作為回報對手的利器。

退讓不是退縮，低頭不等於軟弱。它一種處事智慧，透過這種方式，能更圓滿地化解危機。

13.‧想在職場生存嗎？你得懂得適時把「背黑鍋」當作計謀

生活中最讓人生氣的事之一，就是替別人背黑鍋。尤其是初入職場的新人，由於不熟悉環境，沒有建立好人脈關係，很容易被當作「替死鬼」。

不幸成為代罪羔羊時，可以冷靜思考，在情況不利之下，反抗是否有用？是否會產生反作用？處於弱勢方時，要學會低頭做人，讓強勢者得逞。

讀者也許會認為這是懦弱的行為，但其實這只是表面，實際暗藏著勇氣和智慧。有勇氣背黑鍋，其實是一種自保，等待時間現出真相。

歷史上有許多人以退為進，用背黑鍋的方式替自己逃出困境。

唐朝女皇武則天專權時，為了清除異己，先後重用了一批酷吏。其中有位名為來俊臣，他誣陷某位大臣和狄仁傑意圖謀反，出其不意地逮捕二人。

事發突然，狄仁傑來不及聯絡家人，也無法面見武后辯白，只好用計，在審訊時先承認罪行。

抓住狄仁傑後，來俊臣立刻上書武則天，說狄仁傑嘴硬，若不酷刑逼供不會承認，但若是他主動承認就免他死罪。結果他沒料到狄仁傑先不打自招，這下來俊臣一夥倒是無計可施，說好了承認罪名就免去死罪，只好將狄仁傑帶回大牢，聽候發落。

有位在堂上聽審的官員名叫王德壽，平時非常仰慕狄仁傑，他等人潮散去後悄悄來到狄仁傑身邊說：「你若將其他人牽扯進來，就可以減輕自己的罪行。」

狄仁傑嘆息說道：「我從來就沒有做過這件事，又怎麼能把無辜的人牽扯進來呢？」說完，便意圖撞柱輕生，頓時頭破血流。王德壽趕忙上前扶起他，也因此相信他的清白。

之後王德壽常到獄中照顧狄仁傑，狄仁傑感謝之餘，想到了洗刷冤屈的辦法，他對王德壽說：「麻煩將這件棉衣交給我的家人，讓他們拆了棉絮洗好，再幫我送來。」王德壽答應，便將棉衣交給他的兒子，並叮囑要將棉絮拆下洗好才送回。

狄仁傑的兒子一聽，便知裡頭一定有文章，便急忙拆開棉衣，找到一封血書。兒子幾經周折，將這封信送到武則天面前。武則天看後一頭霧水，詢問來俊臣，來俊臣大驚，匆忙叫人寫了一封假的認罪書，在武則天面前糊弄了過去。

又過了一段時間，與狄仁傑同時入獄的那位大臣之子為父親申冤，得到武則天召見。那位大臣當時因據理力爭而被妄殺，他的兒子一心報仇，他告訴武則天：「我的父親含冤而死，人死不能復生，可惜的是您遭到奸人玩弄。若是您不相信我所說的，可以找一個絕對不會有二心的人，偽造一份訴狀，交給來俊臣，在他的逼供下，沒有不承認的人。」

武則天聽了這話，不由得想起狄仁傑的案子，趕忙召見他。了解來龍去脈後，武則天不解地問他：「既然有冤，為什麼不伸張？」狄仁傑回答：「我若是不承認，就會冤死在酷刑之下，哪有機會說出冤屈呢？」武則天問：「那你為什麼要寫認罪書呢？」狄仁傑回答：「根本沒這回事，請太后明察。」

武則天馬上派人核對了筆跡，發現是來俊臣等人造假誣陷忠臣，立刻下令將狄仁傑釋放。

狄仁傑背一時的黑鍋，是為了保全性命，等待合適的時機反擊，若是奮力抵抗，最後只能落得冤死的下場，就沒有機會說出真相了。

大家常說「識時務者為俊傑」，所謂俊傑，就是能屈能伸，以退為進。吃虧原就處於不利條件，要想辦法扭轉局勢，就要能忍得一時，不要暴露自己的鋒芒，讓奸人得逞。

歷史上類似的例子還有很多，初入職場的新人，更應該學習用以退為進的方法對待吃虧。下個例子就是現代職場中背黑鍋時的應對方法。

廖洪畢業後成為一家大型企業的銷售部門經理。有日，廖洪所在的部門有一批帳目出了問題，原來是財務部搞混了，審查的人也沒有檢查出來。

新上任的主管不知情，不分青紅皂白地罵了廖洪一頓，還沒收他一個月的獎金。

廖洪從頭到尾沒有反駁，還是一樣踏實幹活，時間久了，新主管對他的印象逐漸好轉。

隨著對人事的熟悉，主管把財務問題解決後，才發現當初冤枉了廖洪。想到他的不辯解，與後續一如既往的努力，對他大為讚賞，還因為懷著愧疚和欣賞的心情，格外栽培他。

廖洪並非軟弱，只是他知道，當時主管剛上任，向他解釋這一切太麻煩，不僅會留下不好的印象，還等於告訴眾人主管好壞不分，雖然損失獎金，受一點委屈，但最終會真相大白，到時再解釋也不遲。

遇到背黑鍋的事，不妨委屈一時，先保證自己的安穩，才能賺取更大的明天。黑鍋不會背一輩子，反而可以從中學習到人生經驗。

小道理大智慧

那些能將我殺死的事物，會使我變得更有力。

——德國哲學家　尼采（Nietzsche）

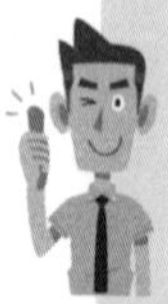

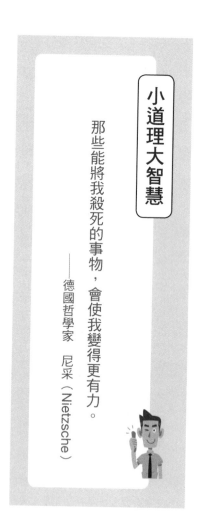

Section

03 吃虧其實不傻，重點在——你得「有計畫」地吃

14.「以自我為中心」只會把身邊的人推得更遠

受委屈時，我們都渴望他人的理解。沒有人願意被誤解、侮辱、損害利益，但真的遇上時，我們是否可以嘗試從對方的角度看問題，試著體諒、包容呢？讓我們來看看以下的例子。

袁藝畢業後打算考研究所，便與一同讀書的戰友張芳在學校附近合租房子。

袁藝很會煮飯，所以在家中由她負責做飯，張芳則負責打掃。袁藝有潔癖，所以總是覺得張芳打掃不乾淨。她覺得自己認真付出，卻沒有得到同等對待，感到很吃虧。

之後每當張芳打掃時，袁藝就站在旁邊監督，一直提醒張芳哪邊打掃得不夠乾淨，直到完全符合她的要求才停止。幾次後，兩人大吵一架，無心讀書的她們決定各自回家冷靜幾天。

袁藝回家後向姐姐大吐苦水。一通抱怨後便進廚房準備做飯，接著姐姐來到她身邊，開始對她指手畫腳，一下嫌菜洗不乾淨，一下又嫌鹽放多了，沒多久，袁藝就生氣了，質問姐姐到底想怎麼樣，姐姐說：「我只是想讓妳了解張芳的感受。」

當晚，袁藝打電話向張芳道歉，希望兩人早日和好，回到學校一起讀書。張芳也反思自己，向袁藝道歉，兩人的矛盾就這樣化解了。

我們常說「己所不欲，勿施於人」，就是指設身處地為他人著想，體會別人的苦衷、關懷他人脆弱之處。

當我們替別人考量時，可以讓對方留下好印象，所以並不會吃虧，因為這是一個互惠的過程。大家都會本能地維護自己的利益，所以遇上利益衝突時，我們或許可以先放下自我，從別人的角度去思考，找出雙贏之道。

下個故事就是因為能設身處地，為自己解決了一個大麻煩。

于立陽是一家廣告公司的經理。有段時間，與他長期合作的酒廠大換血，新上任的高層直接宣布不再與他的公司續約。

這家酒廠是他最大的客戶，合作多年都很穩定，所以他也沒再開發新客戶，此時突然中止合作，他很擔心無法在短期內找到客源。

收到消息的當下，于立陽非常生氣，就在他為此焦慮時，他的祕書勸他：「您吃了悶虧，生氣可以理解的，但您想想，公司大換血，對於他們而言是感到丟臉的事，一定不好意思說。不願意續約，可能也是想省掉廣告費、開拓新市場。搞不好我們拿出新的廣告方案，就會有轉圜的餘地。」于立陽茅塞頓開，立刻召集公司的企劃團隊，製作一份新的方案送到客戶那裡。

見到新上任的高層後，于立陽開口道：「我理解您想要更好的市場，也許我能為您盡這份力，請給我兩分鐘，我會讓您相信，多花這筆廣告費，絕對有利無害。」最後，于立陽順利拿到三年的廣告合約。

于立陽的成功，正是從對方的角度出發，考慮廠商的利益，當對方感覺到被理解、維護、尊重，自然願意與他簽訂合約。換位思考就是于立陽在這筆生意中制勝的法寶。

心理學上有「以自我為中心」一詞。當人只在意自己時，就容易從自己的角度處理問題，忽略他人感受，將主觀想法強加在對方身上，如此，不僅會對別人造成傷害，自己也得不到好結果。為了避免成為這種人，我們要學會換位思考，才能消除成見、化解矛盾，讓人際關係更加和諧。

15. 盛世明君 vs. 遺臭萬年的昏君，關鍵差別就在……

俗語說：「種瓜得瓜，種豆得豆」，如何待人，就會得到同等回報。投以寬容，對方也會示以友好；若是傷害他人，他人便會挾怨報復。

隋煬帝楊廣是歷史上有名的昏君，他嫉妒賢能，心胸狹隘，隋朝因此敗在他手上。

楊廣擔任荊州刺史時，有位叫薛道衡的人，十三歲就能講《左氏春秋》，他寫的詩〈昔昔鹽〉更被廣泛傳誦。楊廣因為嫉妒，便隨便找了個罪名殺死他。

另一位名叫孔穎達，年紀雖小卻才學過人。隋煬帝召集儒官到朝中講經，孔穎達輕鬆就將見解娓娓道來，引得大家讚嘆，風頭更勝資深的大學士們。這些學士心有不甘，便派人暗中刺殺孔穎達，他為了活命，只好東躲西藏，艱難度日。

隋朝滅亡以後，唐高祖即位。到了唐太宗時期，孔穎達終於可以出仕，他憑藉才華在朝廷佔有一席之位，唐太宗也相當提拔他。他覺得皇帝是位明君，便多次進獻忠言，出了不少好主意。

隋煬帝心胸狹隘，總是嫉妒有才能的人，想盡辦法剷除他們，時間久了，身邊只剩下和他一樣的人，當然守不住天下。像孔穎達這種賢才，為了生存，只能隱避不仕。反觀唐太宗，只要臣子有能力就提拔重用，孔穎達講經講得好，唐太宗還特地下詔誇獎他，有學識的人覺得被重視，自然盡心盡力效忠。

兩朝君主對待人才的方式不同，結果也就不同。隋煬帝成了遺臭萬年的亡國昏君；而唐太宗則用貞觀之治，開創了大唐盛世。

待人寬容，不僅是不嫉妒、仇視、傷害他人，也是在受到傷害時，不計較、不記仇，用理解的方式原諒他人。人們都有投桃報李的心態，你對他人的傷害報以友好，對方一定會因此感動，不再加以為難。

二十世紀末，中國積極進行城市建設，鋼材市場因此大發利市，這個故事就發生在此時期。

有位叫陳玉生的人，趁著這個大好機會開始經營鋼材行業。一開始生意很不錯，但過了一陣子，卻發現生意逐漸下滑。每當聯繫廠商時，對方總是推辭；聯絡客戶，客戶也不願意使用自己的鋼材。

他很納悶，便讓人去調查，結果發現竟然是對手故意陷害。對手向廠商們說陳玉生的鋼材品質不佳，指他做人不老實。就這樣，陳玉生的壞名聲在業界傳開，自然沒有人願意和他做生意了。

幾天後，陳玉生接到一個緊急的大訂單，這對生意不好的他來說非常重要，但問題就在自己手上沒有客戶需要的貨。他想起了對手正好有符合客戶要求的鋼材，雖然心有不甘，但考慮到客戶有急用，還是將這筆訂單交給對手，並說自己不記恨他。

對方很意外陳玉生不僅不記仇，還主動幫忙介紹生意，感到十分慚愧，對陳玉生又是道歉又是感謝。

不久後，陳玉生的生意又見起色。原來是那位對手之後逢人就說陳玉生人品好、鋼材也好，還主動把生意讓給他。而之前的客戶知道了這件事，也很佩服陳玉生的豁達大度，之後有生意都先想到他。

當初接到緊急訂單時，如果陳玉生記恨對手，想趁機報復，恐怕只會換來變本加厲的惡性循環，兩敗俱傷，誰也得不到好處。但就是因為他放下成見，聯繫對手為客戶找到鋼材，才能與客戶建立長期合作關係。這樣的做法最終將敵人變成了朋友，用互相幫助取代傷害，兩人的生意都蒸蒸日上。

能豁達處事、勇於原諒他人錯誤，是非凡氣量之表現，大家都喜歡和這種人相處。我們用寬容態度對待他人，對方感受到善意，就可以改變彼此的對立關係。

相反地，若狹隘自私、嫉妒別人的才能、主動傷害別人，最終遭殃的還是自己。因為這麼做會讓大家不敢靠近你，朋友減少、敵人增加，自然無法過的幸福順遂。

16. 為何柳公權發現僕人偷東西，不僅不責怪，還幫他找理由？

人際關係，就是一個不斷產生矛盾、解決矛盾的過程。不管是上司、下屬、戀人，還是親朋好友間，想要相處融洽，就要多寬容、忍耐、付出，有時主動退讓，可以防止事態進一步惡化。斤斤計較或者得理不饒人，反而會讓小裂痕擴展成為鴻溝，對我們有百害而無一利。

南朝時期，梁國的張率相當有才華，年紀輕輕就擔任司徒一職，家業興旺。

張率喜歡喝酒，當時用梁國米釀出來的酒最香，張率便派家丁運三千石米回來。可是到家後卻發現米整整少了一半，張率問家丁原因，家丁回答：「路上總遇到麻雀和老鼠，所以才只剩下這些。」

大家都心知肚明，再多麻雀和老鼠也不可能吃掉這麼多，分明是家丁把米私藏了。張率的妻子聽完辯解，氣得想上前質問，張率卻攔下妻子，笑著說：「這幾天我還真的見到了大得不像話的麻雀。」

張率不計較，是知道米回不來了，非要查明真相，家丁就必須離開張府。家丁一直以來忠心耿耿，若是因為這件事懲罰他，其他的僕人也會因此忌憚。所以不如睜隻眼閉隻眼，別太計較。而家丁心裡明白老爺有心放過他，之後也不敢再這麼做。

唐朝書法大家柳公權府中，也住著一大家子人。家中的奴婢們看著柳公權忙於政事，經常把柳宅的物品偷出去賣。

柳公權收藏了一套銀盃，他將這個珍品仔細地封存起來。有天他發現杯子不見了，叫來奴婢詢問，奴婢說：「大人您看，這封印還在呢，我們真的不知道。」那封印是柳公權親自封上的，雖然封印仍在，但與從前的不同，擺明是奴婢在說謊，但柳公權還是笑著說：「是啊，封印都在，東西怎麼消失了，一定是杯子成仙了。」

柳公權不僅沒計較，還找了理由為奴婢們開脫，這件事就這樣不了了之。日子一久，奴婢們也知道老爺是故意不跟大家計較，便不再做這樣的事，而且更加親近柳公權了。

張率和柳公權都是一家之主，管理著整個宅邸，若過於嚴肅事事計較，反而會讓主僕之間的關係更僵；但若是假裝不知道，還主動替下人開脫，那麼他們就會心存感激，從此更加忠心，這種處理方式不僅為下人保全顏面，也顯出自己的寬容大度。損失一點利益，換來府邸上下關係和睦，才能更專注地發展事業。再來看看下面的故事。

有對戀人交往不久就結婚了，結婚後才發現彼此不太適合，由於沒有經過磨合期，總是吵架，幾次甚至談到離婚。雖然如此，但他們真的很喜歡對方，他們知道若是繼續吵架，感情真的會被消磨殆盡。

所以某次吵架後，丈夫對妻子說：「我們以後這麼做吧，誰要是吵輸了，晚上就必須在大街上『散步』一個晚上，不准回家。相對地，輸的人出去散步了，贏的人就不許計較，好嗎？」妻子說：「好吧，我同意。」

因為這個約定，讓這對夫妻攜手走過了五十年。就在金婚紀念日上，一位年輕人羨慕地對男主人說：「我聽說了你們的事，真讓人羨慕，散步的規則就是你們婚姻幸福的關鍵吧？」男主人神祕地笑笑，回答：「關鍵不是散步的守則，而是這五十年來，都是我去散步。」

女主人也走了過來，幸福地笑著向年輕人解釋說：「當初約定時，他早就知道無論如何都是他要低頭了，因為即使是我錯，他也不忍心讓我自己半夜待在外面，所以無論發生什麼，先低頭的總是他。但愛是互相的，我已經二十年沒讓他出去散步了。」

相愛的兩個人，因為有著不同的生活背景和學識修養，所以在遇到事情時，也會產生不同的反應、做法。當雙方意見不合，往往就會發生爭執。此時追究吵架原因或誰對誰錯，一點意義也沒有。重要的是兩人和好如初，一起解決問題，而不是讓爭吵越演越烈，最終影響感情。故事中的男主人，便是用先低頭的方式，贏得了幸福美滿的生活。

事實上，主動吃虧，可以讓對方產生被包容與被重視感。前面的三個例子都是如此，下人感受到主人的原諒，而妻子感覺到被疼惜，因此容易進入幸福、輕鬆的氛圍裡，就更能體會到對方的好意，進而產生感激之情。

無論是與同事、戀人還是親朋好友相處，遇到問題時，我們不妨假裝糊塗，主動吃虧，讓人際關係更加和諧，生活自然會給我們更多的回饋。

17. 成龍的成功之道——有誠信才能走更遠的路！

說到老實人，我們通常會認為這個人誠信、勤懇，也就是好人。但有時我們會覺得老實的人有點傻，容易被別人捉弄、佔便宜，俗諺也說：「人善被人欺，馬善被人騎」，可能因為總是受欺負，很多人就不願意老實，反而學會奸巧鑽縫，以此作為維護利益的方式。

老實人真的處處吃虧嗎？好像真的是這樣。但若是仔細觀察，就會發現有一種人，雖然吃眼前虧，卻終究可以得到好報。

在民間故事「雲中落繡鞋」裡，有位員外的女兒失足掉進井底，員外無計可施，便貼出告示，表示誰能將小姐救上來，就將小姐許配給他。有兩個青年看到公告，決定去試一試。

小姐失足落下的井很深，井口很窄，只憑一人之力是不可能救到的。於是他們便商量，一個人拿著拴有繩子的竹簍下到井底，將小姐放入竹簍內；另一個人負責將小姐拉上去，然後再將井下的青年救出來。

將小姐救出後，井下的青年遲遲沒看到救他的竹簍，他一抬頭，卻發現井口已經被封死了。原來是井上的青年救出小姐後，想到小姐只能嫁給其中一人，於是起了邪念，用石頭把井口堵死，抱著小姐獨自去領功。

員外一家以為是井上青年救了小姐，便將小姐許配給他。誰知，小姐被救上時遺落了一雙繡花鞋，井下的青年撿到這雙鞋，死裡逃生地來到員外家，揭發井上青年的惡行。人證物證俱在，井上青年無法抵賴，被員外趕出了家門，而井下青年便與小姐幸福地完成了婚禮。

李嘉誠說：「我絕不同意為了成功不擇手段，即使僥倖略有所得，也必定不能長久。」就是這個道理。

家喻戶曉的功夫巨星成龍，出生於香港一個貧困家庭。

成龍小時候被送到戲班子學藝，十幾年後，他離開戲班打算發展演藝之路。成龍雖有一身功夫，卻因長相平平而苦無機會，只好跑龍套維持生計。幾年後，他憑藉著硬底子功夫與憨厚的性格，漸漸開始擔任主角，一個月能拿到三千元左右的薪水。

在這段期間，成龍的才華受到業內的一位何先生賞識。於是何先生單獨約他出來，表示自己很看好他，想與他合作。若是成龍願意，可以讓他在電影中擔任主角，至於與原片廠的高額違約金，何先生願意替他支付。臨走時還塞給成龍一張面額高達一百萬元的支票，讓成龍又驚又喜。

這個機會對於當時的成龍來說簡直千載難逢，不僅意味著他可以很快出頭，也代表他能脫離貧窮，成為百萬富翁。

但隔日，成龍卻將支票退還，拒絕了他的邀請。成龍認為這確實是個好機會，但若現在跳槽，原本主演的電影就會停擺。他雖然愛財，但不願失信於人，不想用損害別人利益的方式為自己謀求出路。

成龍的選擇讓何先生既意外又欣賞，於是他將這件事告訴成龍的公司，公司很感動，便決定買下何先生的劇本，仍由成龍出演，這部電影就是《笑拳怪招》，那一年，成龍二十二歲，全香港因為這部電影認識了這位巨星。

如今，成龍已經從影四十多年，重傷二十九次，拍了一百多部電影，在全球擁有三億死忠粉絲，他也是唯一一位將手印、鼻印留在好萊塢星光大道的中國演員。

人人都不喜歡吃虧，讓別人吃了虧，別人也會因此記恨於你；替別人維護利益，別人一定會心懷感恩。所以，不讓他人吃虧，自己也往往會有所收穫。

18. 值得全球商人借鑑的「三鹿毒奶粉事件」

商人都很精明，總是用盡心機降低成本、抬高售價，想辦法獲取最大利益，這無可厚非，因為做生意的目的就是賺錢。

但是做為一位商人，千萬別忘了顧客的利益。顧客不是傻子，若老闆們時刻將顧客的感受和權益放在心上，爭取利益時，也不讓顧客吃虧，必要時甚至主動吃虧，以保護顧客的權益，那麼顧客也會願意回報你。

哈利斯食品加工公司（Harry's）是英國食品市場上的龍頭，由於產品深受廣大消費者歡迎，因此其他同業幾乎無法與它競爭。

有次，哈利斯的總經理亨利到化驗室抽查員工工作情況，意外發現化驗報告單上竟有含毒的防腐劑。這種防腐劑，短期服用是沒問題的，但時間一久便會對身體造成損害。但要是不添加，食品的新鮮度就會受到影響，保存期限也會縮短。

經過深思熟慮，亨利決定明文規定，公司裡不准再使用這種防腐劑。對於已流通在市面的產品，他決定透過媒體發布消息，讓消費者自行決定是否購買。

當時英國的食品業幾乎都有添加防腐劑，只是消費者並不知情。然而大眾知情後，產銷肯定銳減，絕對會虧本。而剩下的產品因為沒有防腐劑，若不能在保存期限內賣出，會造成更大的損失，員工們都相當不解亨利的做法。

亨利知道大家反對，但他努力說服道：「我們應該誠信對待顧客，要是你們的家人購買我們的產品，一定期望商品安全無毒，所以若不讓消費者知情，就是對不起他們。」亨利毅然決然公布這件事，告訴大家防腐劑是有毒的，希望民眾謹慎選購。

果然，消息一出，商品馬上滯銷，企業開始虧本。不僅如此，之前嫉妒哈利斯的企業趁此機會聯合打擊，並指責亨利別有用心。雖然哈利斯公司瀕臨倒閉，但亨利的名聲卻家喻戶曉。

此後幾年，食品行業添加防腐劑不再是商業機密，顧客開始意識到防腐劑的毒性真相。政府出面維護食品安全，提倡無毒、無副作用的添加劑。之前那些一邊添加防腐劑，一邊指責亨利的企業被消費者拋棄，顧客開始懷念起這個正直的傢伙，紛紛主動尋找哈利斯的商品。

哈利斯漸漸恢復元氣，沒多久就回到食品加工業的龍頭寶座上。

亨利寧可吃虧也要保護顧客的權益，最終獲得回報，這個例子值得全世界所有商人借鑑學習。

這兩年，全球許多知名企業接連出問題，從前受到信賴的品牌，突然出現大問題。這些企業有一定的基礎，卻因為想要更好的發展而走了歪路，偷工減料、損害消費者權益，要知道，讓顧客吃虧，對自己絕對無益。

二〇〇八年，中國爆發毒奶粉事件。許多食用三鹿集團出產奶粉的孩子被診斷出患有腎結石。經調查，該奶粉中含有化工原料三聚氰胺，這種化工原料無法被人體代謝，於是殘留在嬰幼兒體內，引發腎結石。這起事件嚴重影響社會，人民對該品牌奶粉失去信心，且有多國禁止進口中國乳製品。

這個企業曾經是中國品牌的驕傲，可是事件爆發後，不僅面臨破產，還嚴重損害了食安形象。不僅是財產上的損失，最嚴重的是信譽的破產。

想要賺取利益是可以理解的，但應建立在互信互惠的基礎上，商人提供更好的產品，顧客自然願意花更多的錢購買。為了利益不擇手段，當顧客感受到利益被損害，就會失去市場、顧客群，企業倒閉便成為必然。

將心比心，大家都希望多得利益，不能提供更優惠的價格，至少要讓客戶覺得買賣公平。以傷害他人的方式為自己謀求利益，這是不尊重顧客的行為。企業和客戶是相互依存的，唯有雙方都不吃虧，才能長久地立足於市場。

19. 善用「報恩心理」，就能換來他人的敬重與優待

與人相處，有時會遇到一些處於逆境，需要幫忙的人。此時不要害怕付出，換位思考、將心比心，就能更體貼、理解他人。付出不是傻，反而顯現出隱忍善良的本性，別人也會將你的作為看在眼裡，因而感激你，讓我們看看以下的例子。

王玉是一名空姐，她熱愛工作、喜歡旅行，也熱忱服務顧客。

某日，飛機起飛前，有位乘客向王玉要了一杯柳橙汁，王玉禮貌地說：「請稍等，等飛機平穩起飛後，我就替您送過來。」

飛機起飛後，多名乘客向王玉要飲料，她有點搞混了，便錯把咖啡端給了這位乘客。送去時，這位乘客正在睡覺，王玉悄悄把咖啡放在一

邊，因此也不知道自己送錯了。大約過了十五分鐘，這位乘客醒來，看到咖啡，頓時怒氣衝天，立刻叫王玉過來解釋。

這位乘客一見到她就怒罵：「妳分不清柳橙汁和咖啡嗎？這是什麼意思。」王玉馬上道歉：「對不起，我馬上替您更換，給您造成不便真的很抱歉。」這位先生一聽，更變本加厲：「我現在不想喝了，我一定要投訴妳！」

無論王玉怎樣解釋，這位先生還是繼續指責王玉，甚至辱罵她的家庭，大家都替王玉抱不平，但她始終保持笑容，不停道歉。過了很久，這位先生才終於罷休，要求王玉為他換飲料。

在接下來的旅程裡，這位先生一直叫王玉為他做這個做那個，明顯怒氣未消，但王玉一點都沒抱怨，一直微笑著為他服務。

抵達目的地後，這位乘客在留言本上寫了很長一段話，交給王玉後離開了。王玉好奇地打開，只見上面寫著：「小姐，我對我不良的態度，向妳表示真誠的歉意。昨晚我與妻子吵架心情不好，正好妳拿錯了飲料，我就藉機對妳發火，沒想到妳一點也不計較。一開始覺得妳態度好，我更加火大，變本加厲拿妳出氣，但妳整整對我微笑了十二次，讓我不愉快的心情一掃而空。我對妳只有歉意和感激，希望妳能原諒我，下次有機會，一定會再搭乘妳的航班，我誠摯地向妳致歉。」

十二次的微笑，化解了一顆憤怒的心。王玉抱著諒解的態度，因此對受到不公平待遇毫不在意，反而更周到地服務這位先生，滿足他無理的要求，最終讓這位先生轉而感激她。

將心比心，我們也會有需要被理解和體諒的時候，若是我們不願意付出，又怎能期待獲得他人的幫忙呢？

下個故事來自一位貧窮卻懂得換位思考的男孩。

有位男孩因為家庭貧困，高中畢業就到一間私人企業上班。幾個月後，由於經營問題，這家公司面臨嚴重的虧損，眼看即將倒閉。資金短缺，連帶拖欠員工薪水，於是很多員工陸續離職，這個男孩卻始終選擇留下。

不僅留下，他還比以前更加努力，別人摸魚時，他也埋頭苦幹。老闆看見他如此努力工作，對他說：「現在這個情況，你要走我們也不攔你。」男孩回答：「公司困難時更需要人，這時候走太沒義氣，我理解公司的難處，但只要我們努力做，一定會好起來的。」

老闆很感動，有一部分員工也被他說服決定留下來。這些人團結一心，不久，公司就漸漸好轉，甚至比原來經營得還要好。

公司開始賺錢後，老闆給留下來的員工都包了紅包，金額遠遠超過他們應該得到的工資。這個男孩也被提拔，升上更高的職位。

願意吃虧之人最有福氣，因為關心他人，別人也會有所回報。人人都有報恩心理，付出一定會換來別人的敬重和優待。

與人相處需要吃虧，樂意為他人奉獻，人際關係會更順利。無論是朋友、家庭或工作，只要多多忍讓，幸福和睦的日子就會始終伴隨你。

小道理大智慧

要想自己成為幸福的人，就應當對別人關懷備至、體貼入微、赤誠相見。

——教育家　蘇霍姆林斯基（B. A. Sukhomlynsky）

Chapter 2

捨得哲學——放下

Section

04

與前男友分手不傷，重點是——你看懂「真心換絕情」

20. 洛克斐勒家族成功推翻「富不過三代」，靠的就是……

一九四〇年代，第二次世界大戰即將結束，以美國為首的二十六個國家提出以紐約作為總部，建立一個以和平為宗旨、調解世界各國事務的組織。

美國總統富蘭克林・羅斯福（Franklin Delano Roosevelt）提議稱它為「聯合國」（United Nations）。五年後，由五十一個國家共同批准簽署《聯合國憲章》，聯合國正式成立。

聯合國成立後，遇到的第一個麻煩，就是沒有固定的辦事地點。當時想在紐約買地蓋大樓，少說要七、八百萬美元（約新台幣兩億元）。戰爭剛結束，各國政府財政困難，內部建設資金吃緊，自然不可能主動掏錢幫忙。更何況，聯合國是一個非營利性組織，無法保證能獲得報酬，所以也沒有商人願意做這種賠本生意。

就在一籌莫展時，石油大亨洛克斐勒慷慨解囊，主動出資八百七十萬美元（約新台幣兩億七千萬元）買下紐約的地，無償贈予聯合國作為總部。此舉立刻引發關注，大家都很震驚，洛克斐勒這個商人竟敢做無償買賣。

洛克斐勒並不理會這些流言，只是默默地替聯合國建造總部大樓。

意外的是，大樓建成後，周邊地價突然爆漲。但這些都在這位富豪的意料中，所以他早已將周圍的地全都買下，沒多久就將「無償投資」的資金全都賺了回來。

聯合國的影響力大大超出了人們預期，這附近的地成為紐約最昂貴地段之一，原本看似愚蠢的投資，讓洛克斐勒財團與聯合國雙雙受益。

除此之外，洛克斐勒也積極參與衛生、教育、文化與慈善事業，是世界知名的慈善家，他懷著同情心與人們共享財富。一九二〇年代，洛克斐勒基金會成為世上最大的慈善機構，募集善款超過十億美元（約新台幣三百億元）。

洛克斐勒是世上第一個億萬富翁。他白手起家，建立了美國十大財團之首的洛克斐勒帝國。大家常說「富不過三代」，但洛克斐勒家族卻已繁榮了六代，這是由於，他與他的子孫們不只想著賺錢，而是願意與全世界分享他們的財富。

與他人分享，能收穫雙倍的快樂與幸福；死守住財物、不願分享的人，反而什麼也得不到。下面這位人物也一樣。

香港許氏集團的創始人許立信是商界中的佼佼者，這位衣著樸素、踏實肯做的廣東人，被大家稱為「絕世好老闆」。

二〇〇〇年，許立信參與創立的 eMachines 公司（宏碁子公司）出現虧損，隔年，美國電子股票交易所那斯達克（NASDAQ）將此公司除牌❷。為了讓公司起死回生，許立信投入一．六億美元（約新台幣五十億元）將公司私有化。

❷取消上市公司股票在交易所售賣權的行為。

二〇〇四年，許立信移民美國，當時，eMachines 是僅次於戴爾（DELL）和惠普（HP）的美國第三大電腦生產商。許立信找到捷威（Gateway）主席韋特（Ted Wait），並說服他收購 eMachines，雙方達成協議後，韋特以二・九億美元（約新台幣九十億元）的價格將 eMachines 買下，在這筆交易中，許立信拿到一・二九億美元（約新台幣四十億元）。

許立信沒有將錢獨吞，而是拿出其中一半，分給公司所有員工，上自管理階層，下至貨倉工人，每人平均獲得年薪三成的紅利。員工們震驚又感動，都想當面感謝他，但因他平時行事低調，所以甚至為了躲避員工的感謝故意不來公司。

許立信因這件事而出名，大家都對他稱讚有加。他卻謙虛地說：「我不慷慨，所有勞動的人都應該獲得回報，公司的利益大家一起分享很正常，照顧員工是應該的。」

學會與人分享，能收穫雙倍的幸福快樂，利人同時也利己。

21. 出人頭地的人都知道，多做順水人情就是通往成功唯一之路

許多人認為順水人情是一種吃虧，不願意幫助別人，對此，石油大王阿曼德．哈默（Armand Hammer）有段著名的話：「想出人頭地之人應該知道，只需一些理解和大度，就能贏得意想不到的收穫。給人方便，是一種最有力量的方式，也是一條最好的路。」他成功的祕訣就是經常給他人好處，因為幫助他人就是幫助自己。

有次他在回答記者的提問時，向大家分享了一個小故事。

某個小鎮上有位老頭，他的花圃位在一條泥土小路旁。這條路每逢下雨就會泥濘到無法行走，於是行人們都直接踩過老頭的花圃，導致花圃雜亂不堪。

老頭從不抱怨，總是默默從外面挑回煤渣，將煤渣鋪在小路上。一段時間後，小路被煤渣鋪滿，覆蓋了原來的泥土，所以下雨時不再泥濘，便再沒有行人從老頭的花圃穿過了。

其實，這個故事就出自於他本人。但不同的是，年輕的哈默選擇為老頭看守花圃，雖然可以阻擋行人，但也浪費了時間，不如用老頭的方式處理，就能獲得雙贏，老頭用實際行動給哈默上了重要的一課。

接下來這個故事也是同樣的道理。

美國華爾道夫飯店（Waldorf Astoria Hotels）的第一任經理伯特

（Burt），年輕時在一家小旅館擔任服務員。有天夜裡下起了暴風雨，許多遊客前來旅館求助，伯特盡心盡力將大家安排妥適後，正準備下班休息。

此時，一對老夫妻走進旅館尋求住宿，但附近的旅館都已客滿了，伯特不忍心看到兩位老人無處可去，便告訴他們，若是不嫌棄，請二位在自己的房間住一晚，隔日再離開，而自己可以睡在大廳。這對老夫妻非常感激，便留宿了一夜。

隔日早晨老人想付住宿費給他，但伯特認為這只是舉手之勞，因此拒絕了老人。老人對伯特說：「做老闆的就是想聘請你這樣的員工，也許有一天，我會為你蓋一座旅館。」伯特只當老人是在說客氣話，微笑著送走了他們。

幾年後，伯特收到一封來自老人的信，信中詳細敘述了那個暴風雨夜晚的回憶，並附上一張機票，請伯特到紐約去見他。

幾天後，兩人重逢，老人告訴伯特，他特地修建了一棟旅館，想讓伯特來經營。這個小服務員就這樣搖身一變成了豪華飯店的經理，事業經營地十分成功。

有人說：「無悔付出就是制勝之道。」印度詩人泰戈爾（Rabindranath Tagore）也曾經說過：「我們的生命是天賜予的，唯有獻出生命，才能得到生命。」人人都有報恩心理，對別人付出恩惠，別人會記在心裡；想要得到他人的幫助，就得先幫助他人。

記載古人嘉言善行的《新序·雜事四》中，有個關於梁國大夫宋就的故事。

梁國與楚國相鄰，兩國的戰士都在兵營外種瓜。梁國人勤快，常常澆水施肥、細心看管，瓜都長得又大又甜；楚國人懶惰，很少去澆水，所以瓜都長得不漂亮。

楚國士兵嫉妒梁國士兵種瓜的技術，就趁夜間跑到梁國田地裡翻動快要成熟的瓜，瓜因而乾死。梁國士兵很生氣，跑去向宋就反映。

宋就這麼告訴大家：「結下梁子，是惹禍的開始。若別人使壞我們也跟著報復，心胸就太狹窄了。不如這樣吧，我們每晚都派人為楚國的瓜田澆水、修整，別讓他們知道就好了。」於是梁國士兵照做。每天除了整理自己的瓜田，也順便打理楚國的田。

不久後，楚國士兵便發現由於梁國人暗中幫忙，才讓他們的瓜田欣欣向榮。楚王聽說這件事後，立刻派人送出豐厚的禮物向宋就表示歉意，並請求與梁國結盟，兩國從此交好。

常常幫助他人，他人也會在你有麻煩的時候，因為報恩心理不計較地出手相助。生活中多給他人一些方便，就是給自己方便。

22.「雪中送炭」竟能直接讓對方好感度激升90%？！

沒人能憑藉一己之力解決所有問題，我們都有需要別人體諒的時候。不幸的是，大多數人都喜歡攀附成功者，但這些人往往不需要幫助，所以很難記住你的好；相反地，對於處境艱難的人，哪怕是微不足道的幫助都意義重大。與「錦上添花」相比，「雪中送炭」更有意義，就像以下這個故事。

張欣是位會計，有次她為公司報完稅後，在稅務局門口碰到一位滿頭大汗的先生，他正來回踱步、眉頭緊鎖，看上去十分著急。

張欣上前一問，才知道這位先生的公司周轉困難，員工都離職了，眼看要交財務報表，他卻連一位會計都找不到。

於是張欣主動表示願意協助這位素不相識的先生，且不一會兒就替他完成了財務報表。此人感激地拼命道謝，張欣則表示只是舉手之勞。臨走時，這位先生給了張欣名片，表示若是將來張欣有困難，一定盡全力幫忙。

一年後，張欣的公司突然破產，她因此失業。想找新工作的她卻四處碰壁，無奈之下，只好致電給那位先生，並透過電話得知對方早已東山再起，事業蒸蒸日上。在她說明自己的情況後，對方也立刻答應了她的請求，不僅給她一個極好的職位，還委以重任。

我們說「好人有好報」，張欣幫助老闆時並沒有期望回報，她完全是出自於善良而施以援手。正是因為這樣，所以無論遇上誰，她都一定會幫忙，這樣的人，身邊一定充滿值得信賴的朋友。

心理學研究顯示：經常幫助別人之人，內心能獲得滿足與成就感；而時常算計他人之人，往往因為過度在意得失而壓抑鬱悶，這類人或多或少有不同程度的心理疾病，日子過得並不順心。

如今，許多人只想錦上添花，卻不願雪中送炭。時間久了，人情只會更加冷漠。要記得，只有真誠待人、救人之急，才能真正溫暖人心。

一九七〇年代，石油危機波及許多國家。而香港也因石油短缺，油價一路上漲，當地進口商想趁此大賺一筆，便藉機哄抬油價，許多商家因為無法負擔高額油價而面臨倒閉，香港市場一片蕭條。

在這個關鍵時刻，李嘉誠先生首先發起行動，他自費購買十三萬磅原油，並以市價五折出售給無力支付高額油價的企業。另外，他還將旗下公司共二十萬磅的油量配額，轉讓給需求量較大的廠家。

而一些較小型的企業，因採購量不大，無法單獨購買，也在李嘉誠的聯合下，集結起數百家塑膠廠，成立塑膠原料公司。透過一次性大量採購，便可直接與國外原料商交易，避免中間進口商賺取暴利。

此次危機中，有幾百家原本面臨破產的企業，因為受到這位首富的幫助，最後平安渡過危機。他也因此被大家稱為香港塑膠業的「救世主」。

李嘉誠是近代最成功的商人之一，他絕非靠算計、唯利是圖而發達，相反地，他經常幫助別人、不計得失，在關鍵時刻給予他人大力支持。這種救人於危難之中的義舉，為他贏得了極佳的聲望和信譽，樹立起崇高的商業形象。而這些就是無形的財產，為他帶來大量的生意與財富。

當我們發現某人有困難時，應多伸出援助之手並且不求回報，如此一來就能收穫內心的充實與富足。也許偶然的善舉，能為你打開一扇機會之門。

23. 別再懷疑，「好人有好報」可是有科學根據的！

當有陌生人需要幫助時，我們可能會想：關我什麼事、我為什麼要幫他。若是遇到有過節或討厭的人，更不可能施以恩惠，這是由於人類的自私心理作祟，也正是我們在成功或幸福路上最大的絆腳石。

大家常說「好人有好報」，但許多人不以為然，甚至對此感到質疑。其實，即使拋開其中的迷信涵義，從科學角度去理解它，也相當有道理。那就是幫助別人，別人也會有所回報。

趙盾是春秋時期晉國的大臣。他曾於某次考察途中，發現有個人因過度飢餓而奄奄一息地倒臥樹邊，於是趙盾便命下人賞他一些食物。臨走時，又讓人給了他一些衣物和銀子。

晉靈公繼位後一直不喜歡趙盾，有次派人在房間裡設埋伏，假意宴請趙盾喝酒，想趁機殺掉他。趙盾意識到這是場鴻門宴，於是酒喝到一半就藉口起身離席，晉靈公馬上派人一路追殺。

逃亡途中，趙盾發現後方有個士兵眼看就要趕上自己，心裡感到非常慌張，誰知士兵追上他後，對他說：「請您上馬車快走吧，我會回去為您死戰。」趙盾大吃一驚，問他：「為何這樣對我？」士兵回答：「不知您是否記得，是您救下當年差點餓死在樹下的我。」一次偶然地幫助他人，竟可讓自己在危難時刻保全性命。

我們常說「滴水之恩必當湧泉以報」，大家都懂得報恩，若有人在我們危難時伸出援手，那我們一定要回報他人，互相幫忙，讓愛傳出去。

一九九八年，經濟體制改革引發一波失業潮，有位名為李香蘭的婦人與其丈夫因此失業。這對夫婦平日待人親切，所以在親友的幫助下，兩人便開起一家自助燒烤店。

這間店開在一條小吃街上，旁邊緊鄰著成衣市場，因此每天過來吃飯逛街的人很多。人一多，乞討者自然聚集到這，他們挨家挨戶地要飯吃，常惹得顧客不高興，所以很多店家動輒呵斥辱罵，只有李香蘭夫婦不僅不趕他們走，還天天提供新鮮的飯菜。

有天晚上市場起火，兩人的店也遭殃。不巧的是李香蘭的丈夫正好外出，她無能為力地看著店裡的瓦斯桶即將爆炸。此時，突然來了一群人，有的冒險衝進店裡搬出瓦斯桶，有的幫忙滅火，不一會兒就將火勢控制住。

原來，前來幫忙的正是天天來店裡的那群乞丐。李香蘭的丈夫知道此事後也感慨萬千，沒想到人人呵斥的乞丐，竟幫了他們這麼大的忙。

此次事件讓周圍店家損失慘重，只有他們夫妻二人因為乞丐的幫忙而保住了店鋪。於是這個好人有好報的故事就傳開了，許多人慕名而來，店裡生意蒸蒸日上，一年後，甚至開起了分店。

有人說：人生是一面鏡子。以禮待人，別人也會尊敬你；關心別人，就會得到別人的關懷。金錢買不到發自內心的關心與幫助，只有先付出，才能得到回報。

就像故事中的李香蘭夫婦，他們沒有因為乞丐們不付錢就拒之門外，反而諒解他們的難處，不求回報地提供幫助，才讓乞丐們冒著危險衝進火海幫助他們。

想在日常生活中感到幸福，就要學會放下自私，不要在意別人欠你的，應該多想想自己能為他人做些什麼。

24. 付出，可能會在無形中替自己避開災禍

不計代價地幫助別人是件很困難的事，因為人們只要付出，往往渴

望回報，若期待落空，就會產生不平衡的心理，也就是感到吃虧。

其實無償幫助別人，大多會有所收穫，有些是實質上的，有些是精神上的，多多施與恩惠，通常會得到意料之外的收穫。

《戰國策》中曾寫到一位中山君，他就是因為幫助他人，而在關鍵時刻意外地保全自身性命。

中山君平日喜歡接濟他人。無論是誰，只要遭遇困難，他一定義不容辭地幫忙，而且從來不求回報。

一日，他在邊境遇到一位逃難的老者。這位老人因為多日未進食，即將餓死。中山君見況立刻命人停下馬車、拿出食物來給老者吃，並讓隨行的醫者為老人把脈，直到確認他沒事後才離開。

司馬子期很嫉妒受大家愛戴的中山君，一直想除掉他，卻苦於沒有藉口。有次便藉著中山君宴請時，以羊羹準備不足的罪名大發雷霆，要求楚昭王攻打中山君。

中山國受到楚國攻打，無力抵擋，眼看就要亡國。中山君狼狽逃竄，侍衛們皆鳥獸散，只有兩個不知名的小兵跟在後面保護他。中山君問他們為什麼願意跟隨自己，兩人回答：「我們的父親當年逃難時路過中山國，差點餓死在路邊，是因為您的施捨才得以存活。父親無法親自報答，就在臨終時交代我們，若以後您有難，一定要誓死相隨。」

人生在世，難免有麻煩，所以平日裡應該多多幫助他人，說不定哪日也會受到對方的報答。當初中山君救那位老者，只是因為平日習慣助人而已，不曾想過會得到老者兒子的幫忙，所以說，應該把幫助他人當作一種習慣。

文學家范仲淹是宋朝有名的宰相，除了有「先天下之憂而憂，後天下之樂而樂」的精神以外，他也是一個樂於施善的人。

有位姓孫的落魄秀才，日子過得十分辛苦，但沒有人願意幫助他。他每次向范仲淹求助，范仲淹都會給他一些銅錢，多次後，范仲淹好奇地問起他家的情況，才知道他上有老母親要養，因為日子實在艱難才多次求助。

范仲淹知情後立刻說：「你這樣辛苦奔波，能得到多少資助呢？我來教你課業吧，每月再給你三千的薪俸，可供你衣食溫飽，但你必須答應我得專注在學業。」孫秀才謝過後，就在范仲淹的門下學習。這位秀才不僅天資聰穎又相當勤奮，很受范仲淹喜歡。

後來由於范仲淹職位調動，孫秀才才結束學業回家。回家時，他已擺脫了當初貧困的狀態，更在十年後，成為有名講習《春秋》的學者，甚至得以到太學去講書。

這位孫秀才就是宋朝有名的學者孫明復。范仲淹經常接濟許多遇到困難的人，並幫助這些人走出困境，鼓勵他們發現自己的才華。

讀者可能會認為，范仲淹不像中山君那樣得到實質回報，但有些收穫原不是表面上能看到的。范仲淹的善行，正是為自己累積人際關係財富，所以他身邊總是不乏支持者，同時，他也為國家培養人才，應了他那句「先天下之憂而憂」。

范仲淹一路升官至副宰相，為官仁心而清廉，不愧為一代名相。他在幫助別人的過程中所獲得的人脈和名聲，就是一種無形的回報。

偉大的思想家恩格斯（Friedrich Engels），也是一個不計回報幫助別人的人。

恩格斯自小厭惡經商，他甚至為了理想離家出走，日子雖說不很富裕，但也還過得去。可是這樣的他，為何願意主動回到家中，不惜沾染自己討厭的「銅臭」，重新當起了資本家？其中原因，就是為了接濟他欣賞的思想家——馬克思（Karl Marx）。

馬克思最初撰寫大作《資本論》（*Capital*）時，還是個沒有正經工作的窮小子，他的妻子燕妮（Jenny Marx）是大家閨秀，不會持家，一家人的日子過得很慘澹。

恩格斯知道後，表示不願意讓「最偉大的思想家」受生活瑣事牽絆，便毅然決然地回家繼承事業，出錢接濟馬克思一家。

在兩人往來的書信紀錄中，可以看到馬克思對恩格斯的犧牲十分感動，同時也因無法報答而愧疚。在馬、恩合寫的文章中，恩格斯總是主動退居第二作者，將榮耀全部獻給馬克思。

很多人認為，恩格斯對馬克思付出太多、犧牲太大，但恩格斯本人卻從未抱怨，一是在他眼中，馬克思的著作對全人類有利；二是為自己擁有這樣偉大的友誼而快樂。

對恩格斯而言，他沒有因為付出而失去成就，馬克思以超人的聰慧給了恩格斯很多靈感，後人也因為這樣的精神對他更加崇拜。

在上述三個例子中，中山君收穫了平安、范仲淹收穫了成功、恩格斯收穫了偉大的友誼，這些遠超過他們的付出。不計得失地幫助別人不是吃虧，因為會得到更珍貴的東西。

25. 友情的終極境界——「管鮑之交」

大家常抱怨世風日下、人情薄涼，認為這個世界給自己太少，卻從沒問過自己為世界付出了什麼。其實，真正能讓我們發自內心感到幸福的就是付出。

《論語．雍也》云：「己欲立而立人，己欲達而達人。」意思是，若想成就一番事業，就試著幫助別人成就事業；若想讓自己更順利，就先讓他人順利，以下這個故事就驗證了這句話。

有個人到朋友家做客，聽見隔壁陽台上一直傳來奇怪的聲音，他不耐煩地問朋友到底是怎麼回事。

朋友帶他走到陽台上，拉開窗簾，眼前出現一位小男孩，年紀大概

八、九歲，正在大聲、重複地唸著一句話，朋友要他仔細聽聽男孩說了什麼。過一會兒，他不確定地說：「他說，羊剛撲倒在地。」朋友笑著說：「錯了，他說的是陽光普照大地。」

就在兩人對話的同時，他們看到一位中年婦女走到陽台上，開口糾正道：「陽光普照大地。」男孩聽了，又跟著唸了一遍：「羊剛撲倒在地。」中年婦女不心急，再次糾正男孩，男孩還是執著地說：「羊剛撲倒在地。」就這樣，一遍又一遍地重唸，男孩仍發不出正確的音。

這人便笑著說：「這孩子年紀也不小了，怎麼連話都說不清楚？」朋友聽出了他的嘲笑，連忙正經地說：「一點都不好笑，你可知道這全都是愛？」

回到屋裡，朋友告訴他一個驚人的事實：「剛才那個男孩是個棄嬰。」他好奇地問：「那個女人不是他的親生母親？」朋友回答：「不是，這個男孩一出生就又聾又啞，所以被親生父母拋棄。我的鄰居不忍心，就把他撿回來撫養，為他求醫治病。但先天性的聾啞無法醫治，所以最後只能放棄求醫，開始教他說話。

一開始，我們都認為不可能達成，但鄰居仍然堅持不放棄，就在六歲多時，孩子竟真的開口了，雖然聲音模糊，但我們知道他在叫媽媽，在場聽到的人都感動地哭了。所以我才說，這裡面全是愛。」

這人聽完後，立刻請朋友帶他去拜訪這位偉大的母親，並向她致上無限敬意。女主人卻對他們說：「我並不偉大，表面上是我救了這個孩子，可事實上是他救了我。」兩人詫異不已，聽著女主人說接下來的故事。

原來，女主人婚後不久，丈夫便意外去世，她因此罹患憂鬱症，一度想要自殺。但這個孩子的到來，讓她得以轉移對傷痛的注意力，不只重拾工作的信心，還比從前更加用心打理生活，最後憂鬱症竟不藥而癒。在別人眼中很辛苦，但事實上，她感受到前所未有的幸福。兩人深受感動。這位女主人的愛是一劑良藥，救了男孩與自己。

女主人的艱辛不言自明，但也因為這個孩子，她重新找到了生活的價值，一點也不吃虧。愛和善良，讓兩個本來不幸的人找回幸福，這才是最珍貴的。

歷史上也有一段因為不計回報幫助別人，而收穫珍貴友誼的佳話。

管仲與鮑叔牙早年合夥做生意，那時鮑叔牙比較富有，出較多的本金。但分紅時，鮑叔牙卻總讓管仲拿比較多的錢，因為他知道管仲家庭負擔很重。

鮑叔牙對管仲相當包容，常不求回報地幫助管仲。例如，管仲曾替鮑叔牙出主意，事情搞砸後，鮑叔牙只說是時機不好，沒有追究任何責任。而管仲當官三次都被罷免，鮑叔牙仍肯定他的才華，認為只是缺乏賞識的人。

有次管仲參軍作戰臨陣脫逃，鮑叔牙理解他家裡有老母親需要照顧，並沒有因此嘲笑他。對於鮑叔牙多年的付出，管仲感激地說：「生我者父母，知我者鮑叔牙也。」

不僅如此，鮑叔牙舉薦了管仲，且甘心位居其下。往後，天下人不稱讚管仲的才能，反而稱讚鮑叔牙能夠識別人才、熱心幫助他人。

在大家眼裡，鮑叔牙為管仲付出這麼多，還甘願位居其下，實在是吃虧吃大了。其實鮑叔牙心知肚明，管仲治國的才能在自己之上，因為愛惜管仲的才華，所以願意不計回報地幫助他。

他成就了管仲，也維護了兩人之間珍貴的友誼，人生得一知己足矣，鮑叔牙反而賺到了。

惠人就是惠己，常常懷著善心幫助別人、對他人施以善意，可以收穫到比實際利益更重要的東西，也可以讓自己的內心充滿陽光，得到充實生活和真正的幸福、快樂。

小道理大智慧

世界上能為別人減輕負擔的，都不是庸庸碌碌之徒。

——英國作家　狄更斯（Charles John Huffam Dickens）

Section

05 詐騙集團讓你覺得很划算，其實在——測試你的「貪欲」

26. 請小心，太划算準沒好事！

生活中充滿各種選擇，想佔便宜、怕吃虧是人之常情。但是你真正贏了多少呢？讓我們看看以下的故事。

郁飛是個鄉下孩子，由於重考三年都沒考上大學，只好離開家鄉，帶著父母辛苦籌來的七百元人民幣（約新台幣三千五百元）到廣州打工謀生。

到廣州後，他發現此地物價非常高，於是開始擔心身上的錢能否撐過一個星期。

就在此時，他撿到了一張金融卡，翻到卡片背面，竟然寫著：姓名董能，密碼 196889。郁飛心想失主一定正在為此著急，便決定把卡片送到最近的派出所。

在前往派出所的路上，郁飛突然改變了想法。他覺得這位失主把密碼寫在卡片上還不小心弄丟，算是失主的錯，所以如今既然被他撿到，就應該歸他。

接著，他走向提款機查看卡片餘額，結果顯示帳戶裡剩下五十一元人民幣（約新台幣兩百五十元），這台提款機規定只能提取五十元人民幣（約新台幣兩百三十元）的倍數，雖然餘額足夠，但因為得付手續費，所以仍然無法提領。

他站在機器前思考許久，最後決定存入六十元人民幣（約新台幣兩百八十元）後，領出一百元人民幣（約新台幣四百六十元）。

之後的兩三天，他天天查詢餘額有沒有變動。過了半個月，不僅錢沒少，也沒人找這張卡，所以他就放心地使用，並暗自慶幸節省了辦卡費用。而後公司發薪水時，他便將錢存到這個帳戶。

幾個月後，郁飛想匯點錢給家人，但一插入卡片卻赫然發現這幾個月存的錢不翼而飛，帳戶內剩下五．五元人民幣（約新台幣二十五元）。他相當苦惱，因為若報案，自己也有侵占罪，所以他既無法報案又無法向家裡交代。他糾結多日，最後決定到派出所說出真相。

誰知到了派出所，警方告訴他這一切都是騙局。原來這個董能是職業騙子，他故意到不同的銀行開戶，在戶頭皆存入五十一元，並將卡片密碼寫在背面。讓撿到的人為了想節省辦卡費用，而佔用這個戶頭，等被害人將錢存入帳戶後，他就順勢將錢領出。

貪婪，就是懷著僥倖，期待不勞而獲的心理，抱持這種心態的人，永遠不可能成功。董能就是利用這點，才能騙到這麼多人。《伊索寓言》中說：「有些人因為貪婪想得到更多東西，所以讓原本擁有的也失去了。」

掉在地上的錢自有失主，不是你的東西不該拿。將他人東西據為己有，就是為自己埋下禍根。與其想著佔別人便宜，不如守好本分，或把有利益的事讓給別人，不計較物質得失，才是良好的品行。

接下來的故事來自一個平凡的小姑娘，她正因主動吃虧而得福。

劉芳是一個成績、長相都十分普通的學生，大學時，並沒有太多人看好她的前途，可讓人驚訝的是，五年後的同學會，劉芳躍升為一家公司的副總經理，成了同學之中最優秀的人。許多同學問她如何辦到的，劉芳只說：「我就是一路靠著吃虧升職的。」

大學畢業後，劉芳任職於一家女性化妝品公司，有次接待客戶時，客戶突然有事必須趕去處理，因為臨時無處安置小孩，就詢問是否有人可以替她照顧。

當天劉芳公司正好舉辦競賽活動，公司規定若是沒有參加，得扣下個月薪水的百分之五。所以大家都不願意幫忙，只有劉芳毫不計較爽快地答應了她。

這位客戶為了感謝劉芳，就以她的名義購買了很多商品，讓老闆對劉芳印象很好，也讓她成為新人中第一個升職的。

劉芳的公司每逢過年，都會替無法回鄉過年的員工準備年貨，因為數量有限，所以大家都搶著拿。但劉芳總是站在最後，等大家挑完才拿剩下的。她部門裡有位劉姐家住北京，回家相當方便又快速，所以一般來說是不能拿的，但劉芳也將自己的那份送給她，讓她回家時可以帶上伴手禮。

劉姐雖然職位不高，但看人的眼光很精準，所以老闆有時會偷偷向她打聽員工的情況，每次她都給劉芳打很高的分數，所以沒多久，劉芳就被提拔為副總了。

不貪小便宜、不怕吃虧，就是劉芳平步青雲的祕訣。俗話說：「人為財死，鳥為食亡」，很多人為了小利益工於心計，最後反而吃了大虧。

要懂得除去貪婪、看輕物質利益，上面的例子就可以看出明顯的對比，想佔便宜的郁飛栽了個大跟頭，讓出自己利益的劉芳反而步步高升。

克制自己才是致勝之道，一心想著佔便宜，最終會使自己無路可退，落得不好的下場。

27. 別當自以為聰明的「豬頭」，腳踏實地才是王道

吃虧與佔便宜都是一時的，我們應以平和的心態去面對。

阿拉斯加有位九十歲的老太太，她身患重病又無兒無女，僅有一幢

豪華的大宅子。

老太太的私人律師想得到這座房子，但是按市價少說也要七十萬美元（**約新台幣兩千萬元**），他負擔不起。所以他仔細思考計算後，與老太太簽訂一份合約，合約規定：在老太太生前，律師每月支付兩千五百美元（**約新台幣七萬八千元**）生活費，並且替老太太僱用傭人。直到老太太去世後，這棟房子就歸律師所有。

律師心裡打著如意算盤，他心想重病的老太太最多再活十年，換算下來，只需付出三十萬美元（**約新台幣九百二十五萬元**）左右就可以得到房子，非常划算。而老太太因為需要人照顧，且無人繼承她的房子，所以便答應了這個提議。

然而，老太太竟在傭人的照料下漸漸康復，不知不覺活過了一百歲。這個貪心的律師心裡很慌，但由於合約有法律效益不能違背，只好繼續提供生活費。

後來老太太去世時，高齡一百二十二歲，在這三十二年中，律師總共付出一百二十七萬美元（約新台幣四千萬元），將近房價的兩倍。

律師想藉機佔老太太便宜，殊不知最後反而吃了個大虧。

世事難料，不是所有事情都可以算計。上面的例子，正是應了「聰明反被聰明誤」，替想佔便宜的人上了一課。

以下的例子也可以警醒大家。

有位早餐店老闆為人小氣，成天想多賺顧客的錢，給顧客的餐點分量則能少就少，所以生意一直不好，但是他並不自知。

某次，有個顧客不小心打碎盤子，老闆立刻大發脾氣，嚷嚷著要他賠償。顧客也不好意思地馬上掏出錢包。老闆見他這麼好說話，就硬是吵到他付了五倍的錢才罷休。

這次的事情之後，老闆更加囂張，常在瑣事上刁難客人，每天就想多佔別人便宜。結果最後因為一點小事和地痞流氓發生衝突，被砍了五刀，住進醫院。

這位老闆養成佔小便宜的習慣，反而讓自己受重傷，完全划不來。天下沒有免費的午餐，所以想佔別人便宜時，要先想想能否承受背後的損失。

沒有禍患就是最大的幸福，四處鑽營的人最不幸，因為真正聰明的人不會用這種方式為自己謀取利益。

電視劇《喬家大院》裡，喬致庸的經商才能讓很多人佩服，究其原因，不過是不貪不騙、以信服人、以誠行事，寧可自己吃虧也不佔別人便宜。

歷史學者王尚斌曾說：「會吃虧是晉商祕不示人的祖訓。」喬致庸就是典型的晉商，見多識廣，總是讓顧客感覺公平，滿足顧客的小貪心。不貪他人的利益，才是真聰明。正因如此，晉商聞名全球，成為所有商家的典範。

再看水泊梁山的宋江，他雖然沒有武功，卻能成為梁山第一把交椅，底下的人都由衷服從他，正是因為他作為領導者，分配好處總讓大夥兒滿意。

宋江為人相當有義氣，總是出錢幫助有需求的人，被大家稱為「及時雨」。大家都知道，跟著他混一定不會吃虧，自然心悅誠服。心存貪念的人，往往只想著斤斤計較，無法理解這樣的智慧。

晉商們和宋江都是真正聰明的人，知道用滿足別人的方式與人相處，如此一來不僅不會吃虧，反而會得到回報。

自私與虛榮是難以避免的人性弱點。所以有人希望守住自己的利益，但切記萬萬不可心存貪念，將不是自己的名聲、財富搶過來，這麼做只會得到報應，因為總有一天會被拆穿，到時想翻身更困難，所以不如老實做人更加踏實幸福。

28. 俗話說的好：免錢的最貴，別落入名為佔便宜的陷阱

因為很多人喜歡貪小便宜，所以騙子經常利用這個心態，拐騙他人

上當，這是不合法的。但生活中也常見一些不違法的實例，特別是在商業活動中利用貪欲，賺取利益。

買一送一是最常見的銷售方式，原理就是給顧客一點小恩惠，吸引他們買單以達到促銷的目的。

奧茲莫比爾汽車公司（Oldsmobile）是美國康乃狄克州最大的汽車廠之一，但是有段時間，公司業績持續下滑，瀕臨倒閉。

當時，車廠裡累積了一批南方牌轎車無法售出，倉儲成本不斷增加；加上新生產的托羅多納牌轎車，因為缺乏市場競爭力，滯銷嚴重，導致虧本嚴重，無法繼續生產。

決策者為此頭疼，於是請銷售團隊對市場進行分析、研究，並反思現狀後，大膽設計了「買一送一」的促銷方式。方案是：凡買一輛托羅多納牌轎車，就送一輛南方牌轎車。

一般的買一送一都是買大送小，或有其他限制，但這間公司竟然打破這種定律，將兩樣價格相當的東西一起促銷，難道不怕吃虧嗎？

其實經過銷售分析，這是最好的方法。汽車長久賣不出去，所花費的倉儲及保養成本，遠遠超過汽車本身價值。如今公司的做法等於減少成本，也就是降低虧損。當汽車賣出，資金可以迅速回籠，才能再擴大生產。這種促銷方式也可以提高知名度，擴大市場普及率。

以往的促銷方案已使顧客麻木，所以聽到買車送車的方案時，大家都興奮不已、爭相搶購，很快就將之前滯銷的汽車全部售出。南方牌作為低檔轎車，也因此在市場上打響名號，開始獨立銷售，奧茲莫比爾公司因此起死回生，生意興隆。

這種銷售方法，就是利用顧客貪小便宜的心理，讓他們覺得購買托羅多納牌轎車很划算，既滿足顧客、贏得口碑，同時也促進了企業的發展。再來看以下這則故事。

十九世紀末，洋人想將香菸帶進中國市場，剛開始，他們發現中國人早已習慣抽水煙和旱煙，根本沒有銷路。

但到了二十世紀初，香菸卻在中國供不應求，上海甚至建造了美英香菸廠，這些洋人徹底壟斷中國菸品市場。他們究竟是如何改變中國人的習慣，進而打開市場呢？

當年在上海街頭，這些洋人戴著高帽子，手裡拿著西洋看板，在最繁華的地方：茶園、酒館、戲園，發送香菸給大家，而且完全不收錢。

有時候路人不肯接受，他們就點上一支菸，邊教大家如何抽菸，邊用蹩腳的中文說：「好東西，送給你們的……。」大家一聽到是免費的，就都拿了幾根。拿回家後，自然學著抽兩口，就這樣，越來越多人捨棄要花錢的旱煙與水煙，改抽起香菸。

市場逐漸擴大，外國人看準時機成熟，便不再贈送，開始大肆推銷。此時很多人早已染上菸癮，不得不花錢購買，香菸就這樣入侵了中國市場。

外國人聰明地利用人們愛佔小便宜的心理，吸引他們對香菸產生興趣，改變原本的習慣，最後染上菸癮。而中國沒有生產香菸的技術，只好看著白花花的銀子，流入洋人口袋。

經商的目的是賺錢，商人不傻，不會做賠本生意。所以當我們覺得佔到便宜時，就該小心，這或許是商人的手段。若是人們不愛佔便宜，香菸也無法如此輕易地打入市場。所以，利用貪欲，別人就能從你身上撈到好處。因為貪欲會蒙蔽人的雙眼，讓人只看見眼前的小利，而忘了身後的代價。

另外，贈送試用包也是一種相當有效的廣告。此種模式只要等時機成熟，就能帶來意想不到的收穫。而之所以能那麼成功，祕訣就在於它直擊消費者心理。

我們知道商人不做賠本生意，所以顧客購買時往往感到吃虧，此時祭出免費贈送，正好可以填補顧客的心理，人們不知不覺就會陷入圈套，而且心理研究指出，不付錢更容易讓顧客對產品產生好感、認同感。

例如可口可樂公司剛進入中國市場時，可樂公司以讓駐守中國的大使們喝到家鄉味的名義，主動捐贈了兩條生產線。

免費幫忙建立生產線，這樣的好事任誰都不會拒絕。但其實他們深知，好喝的可樂一旦上市，客群就會逐漸擴大，經年累月，當兩條生產線不能滿足龐大的市場時，自然有人會花錢，向自己購買更多生產線。

同樣聰明的還有肯德基。一九八六年，肯德基在北京大街擺上優雅、乾淨的免費試吃站，讓所有人都熟悉這個外國品牌，並趁機摸清了最佳開業地點，接著在隔年正式登陸中國，為品牌打入中國市場成功奠基。

免費贈送就像是魚餌，貪吃的魚會上鉤，聰明的商家利用顧客貪小便宜的心理，總能賺到大好處。

29. 阿根廷人傻傻耕耘，結果反而為巴西人賺進大把鈔票？！

心存貪念的人，見到利益就不肯放手，最後總是落得吃虧的下場。

享譽全球的自然遺產——位於阿根廷的伊瓜蘇大瀑布（Iguazu Falls），是世上最壯觀的瀑布之一，作為旅遊勝地，每年能吸引無數遊客，為巴西人創造了龐大商機。

讀者可能會懷疑，這個瀑布不是屬於阿根廷的嗎？怎麼會為巴西人創造財富？讓我們繼續看下去……。

這條美麗非凡的瀑布位於伊瓜蘇河上。這條河位處阿根廷與巴西的交界，原本河與瀑布皆屬兩國共有。

阿根廷人看見瀑布中隱藏的商機，便提議將瀑布納入自家版圖，巴西人當然不同意。兩國為此曾多次進行談判，都無法達成共識。眼看衝突逐漸擴大，最終巴西人做出讓步，阿根廷如願以償將瀑布收歸己有。

佔有瀑布後，阿根廷的下一步是開發。終於在一九八四年，伊瓜蘇國家公園被列入《世界自然遺產名錄》，並建立起廣闊的自然保護區。這個地方在兩國之間，雖然有大部分都坐落於巴西境內，但由於瀑布仍屬阿根廷，因此保護工作自然落在阿根廷身上。

為了保護瀑布，阿根廷每年投入大量人力、物力及財力。他們看著巴西人無償佔有大部分的保護區，心中非常不快，但想到未來旅遊資源的進帳，阿根廷人還是非常努力耕耘。

漸漸地，伊瓜蘇大瀑布成為旅遊勝地。意外的是，遊客們漸漸發現，瀑布雖然位於阿根廷境內，但最佳觀賞位置卻在巴西。這下遊客全都聚集到巴西，可憐的阿根廷人每年投入鉅額的維護資源，卻只能眼睜睜看著巴西人大賺觀光財。

貪心的阿根廷人看到瀑布暗含商機就想據為己有，把這條本來屬於兩國的共同財產界河劃分成兩部分，不僅引起了兩國的矛盾，最後還為此付出了大筆代價。

為什麼想佔便宜的人，反而老是吃虧呢？因為心存貪念會讓人失去理智，無法做出正確的判斷，只顧眼前小利而忽視了長遠利益、執迷不悟，才會導致失敗。下則故事也是同樣道理。

范蠡一生知進退、不貪名利，相當有智慧。可是他的大兒子卻是個貪心鬼，不僅沒繼承父親的好品行，還因貪心而害死弟弟。

范蠡在陶地定居時，小兒子在楚國因犯罪而入獄。范蠡準備了一箱金銀財寶，要二兒子拿這些珍寶去救小兒子。大兒子聽到這個消息後認為父親不信任他，便鬧著要自殺。

其實范蠡深知大兒子的本性，害怕他搞砸此事，但無奈他以死相逼，只好勉強答應。臨走前，范蠡千叮萬囑大兒子務必要將財寶全部交給莊子，不可偷拿，也不准忤逆莊子。大兒子滿口答應便去了楚國。

大兒子初見莊子，覺得他樣貌平平、家中貧窮，心中暗暗鄙夷，但還是把財寶給了他。收下財寶，莊子對大兒子說：「你快回去，不可以留在楚國，你弟弟若被釋放了，也別問原因。」

大兒子走後，莊子立刻面見楚王，要楚王施行仁政、以德治國，並進言請楚王大赦天下。莊子一向很有名望，大家都得敬他三分，楚王更把他當成自己的老師，所以便聽莊子的話釋放了很多囚犯。

沒想到，這個大兒子不僅沒有聽莊子的話離開楚國，還想私下另找當地有權有勢的人救出弟弟，但才進行到一半，就聽說楚王大赦天下，他激動之餘，覺得莊子一點忙也沒幫上，不能白白給他一箱財寶，便決定向他要回。

隔日，大兒子前往莊子家中，要求他返還財寶。莊子覺得受到羞辱，生氣地把財寶還給大兒子，接著立刻再次進宮面見楚王說：「我聽說陶朱公的兒子殺了人被囚禁在楚國，他的兒子賄賂您的手下，現在百姓都認為您大赦天下不是仁義，而是為了他的兒子。」楚王因而大怒，命人把范蠡的小兒子抓回來，當眾處斬。

范蠡的大兒子因貪戀錢財惹怒莊子，間接導致弟弟死亡，可以說是兇手之一。他正是因為在意眼前小利，所以無法看到背後的大計畫。

與人交往時，一旦有了貪念，就無可避免地會傷害到他人的利益、失去人心。即使對方隱忍，也未必就能得到好結果，因為貪心之人缺少智慧，往往無法做出正確的決定。

佛語說：「錢乃身外之物」，對於利益，我們得學會放手。禍從貪起，不願意吃虧的反而失去最多，放下貪念不計較的人，最終可能會有意想不到的收穫。

30. 麥斯威爾咖啡利用這點，輕鬆打入超難攻破的日本市場……

想獲得利益，就要保持相對關係。有時為了不讓自己吃虧，可以適當地滿足對方的貪心，以此贏得人心。因為當對方獲得好處時，就會產生禮尚往來的想法，即可帶動利益回收。精明的商人深諳此道，也將這種心理運用在行銷學上。

美國的麥斯威爾咖啡（Maxwell House）受到許多民眾的喜愛，但它始終無法在品牌死忠度極高的日本市場拓展開來，這讓麥斯威爾公司相當苦惱。公司高層為此多次召開會議，討論出三個主要原因：

第一，許多日本人根本就不知道這個品牌，知名度不夠高。

第二，日本的消費者有著極高的品牌忠誠度，所以即使為日本人量身打造新口味，他們也不願嘗試，更不用說培養固定消費人群。

第三，由於第二點的品牌忠誠度問題，所以即使打低價戰略，日本人也難以被吸引。

面對頑固的日本市場，這個知名品牌非常頭痛，他們捨不得退出日本市場，但眼見虧損日益擴大，幾經考量，公司做出最終決定：免費贈送一千萬份試喝品。只有用免費贈送的方式，才能吸引固執的日本顧客，放下他們手中的咖啡，轉而嘗試麥斯威爾的咖啡。

一九六五年三月到五月間，麥斯威爾進行了第一次贈送活動。凡購買日本銷售量第一的麵包，就贈送一包試喝品。結果這個試探性的活動獲得意外的成功，其他麵包公司紛紛來請求合作，贈送咖啡的管道增加許多。

同年十月，麥斯威爾再次進行贈送活動，同時也向東京、大阪、名古屋等七個地區送出六百萬份試喝品。免費咖啡就像一個磁鐵，吸引了無數顧客願意嘗試，另外，也有更多食品公司想與他們合作。

隔年秋季，已建立一定知名度的麥斯威爾一鼓作氣，在日本十個地區贈送出一千萬份咖啡，總算在日本市場站穩根基。

比起投入大量資本，讓人真正滿意的是，在小利益的誘惑下，固執的日本消費者，終於放下原本習慣飲用的咖啡品牌，轉而成為麥斯威爾的消費者，可以預見不久後，這些人就會變成固定消費群體。

麥斯威爾的成功，正是運用滿足他人的貪心。一開始不計成本地與麵包廠合作，滿足了麵包廠的貪婪心理；對於消費者來說，比起習慣的品牌，不如喝免費的，況且咖啡價格高於麵包，買麵包贈送咖啡，簡直太划算了。

當然，也是因為它們的咖啡品質良好，讓消費者願意一再回購，才能如此成功。麥斯威爾是為了自身獲取利益，而想出先滿足他人利益的方法。

透過滿足他人的貪婪，以維護自己的利益，這裡面包含各種評估與判斷，同時也準確掌握了顧客心理，這是非常有智慧的做法。

下一個例子同樣利用掌握顧客心理，為自己賺取龐大利潤。

中國家具龍頭——城外誠家居廣場的老闆劉長河，就是一位非常聰明的商人。創業初期，他招攬許多廠商進駐廣場，並以「廠商沒賺錢就不收租金」的方法一炮打響名號。

劉長河向顧客保證：廣場內所有賣出的家具，若有損壞，一律由城外誠負責修理賠償。有些顧客想佔便宜，將自己用壞的家具送回，硬說是家具品質不佳，劉長河也都不計較，不僅把家具修好，還免費送回。這樣的奧客沒幾個，但只要滿足一人的需求，就能起到廣告效應，大家都誇讚他做生意老實，口碑極佳。

還有一次，家居廣場裡的椅子被潑灑飲料，弄濕了顧客的衣服，這位顧客大鬧一場，要求賠她一件衣服。劉長河便馬上命人幫她把衣服洗乾淨，又買了件一模一樣的，讓人恭敬地給這位小姐送了過去，這位小姐賺到一件衣服，什麼怒火都消了，便不再計較。這種做法不僅防止事態進一步擴大，也避免產生負面影響，造成更大損失。

劉長河明白，滿足貪婪心理是為了建立好名聲，以免在其他地方吃虧。這樣的經營理念，讓他在二〇〇五年北京評選的「北京十大最具影響力品牌」中榜上有名。

滿足他人，自己吃虧，乍看像傻子，其實是最精明的。在你能夠保證生存的基礎上，滿足他人的貪欲，可以避免損失更多。

小道理大智慧

貪心好比一個繩結，把人的心越套越緊，結果把理智閉塞了。

——法國作家　巴爾札克（Honoré de Balzac）

Section

06

被別人當面打臉不痛，只要你——「假裝」糊塗

31. 連「人際學之神」卡內基都忽略的細節是……

大家都有虛榮心、自尊心，幫對方留面子，是對他人的尊重，既不傷和氣，又能體現出修養。下個故事來自有名的人際關係學大師——戴爾·卡內基（Dale Carnegie）所著的《人性的弱點》（*How to Win Friends & Influence People*）：

有天晚上，我參加一個歡迎史密斯爵士的宴會。席間，身邊一位上校講了一個幽默故事，故事中提到一句話：「無論我們如何粗俗，有一位神，就是我們的目的。」上校認為這句話出自《聖經》，但我非常確定出自莎士比亞。

為了顯示我的優越感，我請另一個人指出他的錯誤，但這位上校卻堅持自己的觀點，不願承認有錯。當時我的老友加蒙先生也在場，他精通莎士比亞，我們便請他來評判。

加蒙聽完後，在桌下用腳踢了踢我說：「戴爾，你錯了。就如這位先生說的，這句話出自《聖經》。」

當晚回家，我生氣的對加蒙說：「你明明就知道那句話出自莎士比亞。」他回答：「是的，出自《哈姆雷特》（*Hamlet*）第五幕第二場，但我們作為宴會的客人，為什麼非得證明別人是錯的？為什麼讓他沒有面子？他沒有徵求你的意見，為什麼非要爭辯？要記住：永遠避免正面的衝突。」

在故事裡，加蒙明明知道卡內基是對的，但他仍沒有將事情說破，替那位上校留下餘地，讓他不致於尷尬。

若有人當眾讓你難堪，那你肯定不會對他產生好感，這種厭惡的情緒會使彼此的關係惡化。在他往後需要幫忙時，你絕對不會向他伸出援手，因為沒有人會同情讓自己丟臉的人。所以將心比心，適時地為他人保全面子，忍讓與好意會讓他人心存感激。

來看看下面這則故事。周定王二年，楚國歷經艱苦作戰、平定叛亂後，楚莊王大設酒宴，招待群臣，歡慶勝利，並命寵姬向群臣敬酒。宴會間，吹來一陣大風，將所有蠟燭吹熄，頓時漆黑一片。有個武將垂涎寵姬的美色，便趁著酒興，偷摸她一把。寵姬受到驚嚇、奮力掙脫，並順勢扯下了那人帽子上的繫帶。

寵姬將繫帶握在手中，連忙要大王點起蠟燭，找找誰帽子上沒有繫帶，抓出那個膽大包天的人。誰知莊王沉思片刻，卻讓人暫緩，然後對眾人說道：「今天大家這麼高興，我看乾脆把頭盔、帽子都摘下，這樣喝起來更痛快些。」蠟燭點上後，酒宴繼續進行，莊王照樣談笑風生，沒有繼續追查那個冒犯寵姬的人。

席後，寵姬埋怨莊王不為她出氣。莊王笑著表示，人主群臣盡情歡樂，酒後失禮情有可原，若因此誅殺功臣，會使愛國將士心寒，不再為楚國盡力，寵姬不由得讚嘆楚王設想周到。

七年後，楚莊王起兵伐鄭，主帥襄老的副將唐狡，自告奮勇帶百名士卒做開路先鋒。他奮力作戰，以死相拼，終於殺出一條血路，使後方部隊兵不血刃殺到鄭都。

論功行賞時，唐狡辭謝說：「那日宴會上，被寵姬扯下繫帶的正是為臣，蒙大王之恩，故今日捨身相報。」莊王聽後感慨萬千。

唐狡是地位很高的武將，當時群臣聚集，若莊王追查，唐狡雖然罪不至死，但未來一定抬不起頭。時間久了，心中難免生出怒火，一定會記恨楚莊王，就更不可能為他拼死效力了。楚莊王明白，妃子被欺負固然生氣，但給臣子留下面子，也是為了治國方便。

若有人觸犯我們，我們應該在發火前考慮對方的感受，若讓對方難堪，自己也會被記恨。不妨多多照顧他人的面子，拿出豁達與風度，既可以消除不快，又可以體現自己的修養。

32. 所謂情商高，就是懂得給人台階下！

在公司裡，同事們來自各地，大家的性格與成長背景都不同，但我們可以發現，有些人總是受人歡迎，有些則令人討厭。

讓我們看看以下這則例子，了解替他人找台階下的重要性。

小張的公司最近來了一個留學歸國的同事小安。一開始，小安對很多事情都不了解，小張替他講解，卻發現他經常不懂裝懂，錯誤一再發生，導致小張總是要幫他收爛攤子。

小張氣不過，就在例行會議上，當全體同事面前極盡挖苦小安，同事都看了笑話，弄得小安下不了台。看小安如此窘迫，小張得到快感，覺得終於將吃的虧討回了。

誰知小安一氣之下向總裁投訴。總裁把小張叫來狠狠地批評了一頓，指他容不下新人，又說若小安有什麼不了解，也是他的失職，要求他道歉，並扣獎金以示懲罰。小張委屈極了，但總裁的命令不能違抗，最後他還是必須向小安道歉，而其他同事也紛紛指責小張為人刻薄。

小安的確有錯在先，最後的結果也對小張不公平，但為何所有人都指責小張呢？就是因為他沒有替小安留面子。

小安是留學歸國的，所以有時無法理解也不敢表現出來，這就是愛面子。人人都把面子看得很重，不願意在別人面前受到羞辱，所以儘管錯在小安，但小張反而被大家討厭。

其實小張可以換種方式，比如單獨約小安出去談談，為他人的面子著想，對方也會感激你，如此一來，避免了矛盾，更能得到好結果。

讓我們看看下一則網路上流傳的故事。

蔣鑫出生於農村，到都市打拼十幾年後開了家小公司，他怕被員工瞧不起，所以絕口不提自己的背景。正巧有個與他穿同條褲子長大的朋友，剛到都市無依無靠，蔣鑫便收留他，並替老友在公司裡安插一個職位。

某天公司聚餐，飯桌上聊到小時吃苦、長大有福的事，這位朋友突然開口說：「你們不知道，蔣鑫小名叫作鐵蛋，他小時候可是個土孩子，什麼也沒見過、沒吃過，現在還不是風風光光的，養著這麼多人。他以前啊……。」

他不停講著蔣鑫的糗事，飯桌上的人都笑開了，只有當事人因為面子掛不住，臉色難看。聚會過後沒多久，蔣鑫就找藉口把這個朋友打發走了，也不再提供經濟援助。

蔣鑫不提家庭背景，就是擔心員工們瞧不起自己，這位朋友在飯局講出一切，讓他老闆的形象大打折扣，這樣的人又怎麼可以留下呢？誰都不願意被揭露短處，所以與人交談時，要多顧及他人感受，懂得顧全他人面子，才能左右逢源，維持良好人際關係。

有家公司招聘一批新員工，在迎新會上，老闆逐一點名。

老闆：「全華。」好半天沒人回應。老闆又叫了幾次：「全華、全華。」只見一位員工站起來怯生生地說：「老闆，您念錯了，我叫仝燁（音同同業），不叫全華。」

會場裡的員工暗暗嘲笑，有個人還開玩笑地說：「老闆的國文老師在哭泣。」全場頓時哄堂大笑。老闆臉色僵硬，沒有接著點名，也沒叫仝燁坐下，似乎不知道該如何處理這尷尬的場面。

這時，一名員工突然站起來說：「報告老闆，我是新來的打字員，是我不小心打錯字了，很抱歉。」只見老闆臉色終於和緩下來，對他說：「你真不小心，這次不追究，下次一定要注意。」這才繼續點名。

沒多久，這位打字員就被提拔為公關部經理，而那位開玩笑的員工則因犯錯而被辭退了。

人非聖賢，孰能無過。每個人都有知識缺陷，犯錯必不可免。作為下屬，公然開老闆玩笑，會讓他下不了台。而打字員巧妙地替老闆化解尷尬，雖然承擔了別人的錯誤，但老闆一定心存感激，他也可能因此獲得更多表現機會。

寧可吃虧，也不要害人沒面子，懂得給別人台階下，避免摩擦或讓他人心生不滿，才能有更好的人際環境，連帶工作、生活就可以更加順利。

33. 職場上，「假裝糊塗」就是平步青雲的撇步

職業前程與上司息息相關，主管的喜好決定了下屬的命運，這是職場的規則。

沒人是萬能的，上司也有力所不及之處，所以下屬切忌因害怕利益受損，做出有損老闆面子的事，甚至要主動吃虧，為老闆保全顏面。

郡太守高倫有個手下名叫陳寔（音同實），因品行端正被推薦為郡功曹。高倫經常提點他，也經常委以重任。

有次，一位與高倫關係不錯的太守，拜託他任用自己的親信為官，可是對方推薦之人愚鈍、不學無術，一看就知道無法勝任，但礙於兩人交情，高倫不好推脫。

陳寔知道後，擔心大家覺得高倫賢愚不辨，會出現用人唯親的傳言。於是他親自去找高倫，要他向大家宣布是自己一心舉薦任命此人。

高倫很驚訝，不解他為何這樣做，陳寔解釋道：「此人一看就知不能重用，您無法推脫友人的請求，不過一旦任命之後，肯定會傳出不好的流言，一傳十十傳百，大人的名聲就會受損，所以不如說是我執意任命，才不會玷汙您的品德。」

果然，那位愚笨的親信一經任命，大家就開始議論紛紛，都說陳寔有眼無珠，連這樣的庸才也看不出來，陳寔不加辯解，更讓高倫心中過意不去。

不久，高倫升官了，大家紛紛祝賀他，此時他才將一切實情說出，並表達對陳寔犧牲的感謝。大家聽後紛紛讚陳寔，也就不再批評他，高倫也因此一再地提拔陳寔。

陳寔替上級攬下過錯，保住上級的面子，即使人人都說他不稱職，然而知道真相的高倫也絕不會將他貶職，而高倫升遷，第一個受益的當然就是幫助他的恩人。

無論老闆或上司都不是萬能的，聰明的員工得知道，要經常背著一個「梯子」——永遠給老闆台階下。維護上級的尊嚴和權威，才能贏得信任與青睞，為職場生涯帶來轉機。

蘇聯的華西列夫斯基（Marshal Aleksandr Mikhailovich Vasilevsky）就是一個懂得利用給上司面子，以維護職場前程的聰明人。

華西列夫斯基與朱可夫（Georgy Konstantinovich Zhukov）同為史達林（Joseph Stalin）的手下，兩人都有卓越遠見與敏銳的洞察力，無奈史達林唯我獨尊，虛榮心太強，總聽不進別人的意見。

為了避免史達林剛愎自用，造成不堪設想的後果，華西列夫斯基就常到史達林辦公室與他「閒聊」，也會趁機假裝不經意地聊聊軍事。

華西列夫斯基心中有許多優秀策略，所以他經常趁閒聊時，以誘導的方式讓史達林說出這些計謀，一旦史達林說了，華西列夫斯基就拍手稱讚他深謀遠慮。如此一來，史達林感到驕傲，也覺得那些好策略是自己想出來的，就召集大家宣布命令，眾人都紛紛贊同，但華西列夫斯基從不將事情說破。

有時在軍事會議上，華西列夫斯基會故意將自己的好意見，用口齒不清的方式說出，說完後，又假裝提出兩條錯誤意見。因為史達林就坐在華西列夫斯基旁邊，所以可以聽清他說的話，正好給了史達林提出意見、總結精華的機會。

接著，史達林會用概括的方式精煉分析給眾人聽，接著糾正他的兩條錯誤意見，眾人紛紛感嘆史達林智慧過人，這更滿足了史達林的虛榮心理，華西列夫斯基的意見就這樣一直受到採納。

有人看穿了華西列夫斯基的方法，嘲笑他有毛病，明明是自己的意見，還像受虐狂似的非讓史達林罵一頓才肯罷休。

有次，一個嘲笑他的人有些過分，華西列夫斯基回敬他說：「我如果像你一樣聰明、正常，我的意見就會和你的一樣被丟到垃圾桶。我只想要我的意見能被採納，讓前線的將士們能少點犧牲，多打勝仗，這些比我的面子重要多了。」

但另一位下屬朱可夫卻不認同這種做法。在莫斯科保衛戰前，他強勢地向史達林提出放棄基輔城的建議，史達林不聽，他就據理力爭，兩人吵得不可開交，結果史達林一怒之下把他趕出基輔城。反觀華西列夫斯基，一度升至蘇聯軍大本營的總參謀長。

華西列夫斯基表現出聰明人的氣量和智慧。保全上司的面子，讓史達林的虛榮心經常得到滿足，就能避免一人的剛愎自用使國家利益受損。

因為虛榮心得到滿足而產生積極情緒，這在心理學上叫作面子積極效應。讓上司保全面子，他就會保持積極愉快的心情，此時，任何意見和要求，他都更容易接受。利用這樣的心理，主動吃點虧，就能起到四兩撥千斤的作用，可以更輕易達到目的，是一種高超的智慧。

陳寔替上司攬過，為其保住名聲；華西列夫斯基甘居人後，滿足上司的虛榮心。他們的確吃了虧，但都讓事業有更好的發展，最終受到人們認可。

34. 邱吉爾竟然當起小偷？！其實他是為了保全更大的利益

古代有「處事須留餘地，勸善切戒盡言」的說法。吃虧時為對方找台階下，不僅避免了尷尬，也會讓自己在對方心裡的地位直線上升，可以更容易接受你的意見，進而達成雙贏局面。

英國首相邱吉爾（Winston Leonard Spencer-Churchill）有次與夫人共同出席一場晚宴。

這場晚會是為了招待外國貴賓而舉辦，席間所有餐具，皆由英國最優秀的工匠打造，精緻華美。

會場內有位外交官非常喜歡這些精緻的餐具，便偷偷將一個銀製高腳杯藏在自己身上，但是不巧地正好被女主人瞧見。

女主人非常著急，因為這些餐具都是成套的古董，她非常珍愛，但又礙於場合，無法當面說出來，情急之下，只好向邱吉爾的妻子求助。

妻子把這件事告訴邱吉爾，邱吉爾微微一笑，在男主人的身邊竊竊私語，然後走回來，用餐巾當掩護，也將一個小碟子藏進袖子裡。

用餐快結束時，邱吉爾坐到那位外交官身邊，壓低聲音對他說：「我也偷拿了一個盤子，但糟糕的是，這個盤子剛剛裝過甜點，我的袖子都被弄髒了，所以我認為我們應該把餐具放回去。」外交官一聽，發現自己的袖子也被裝過紅酒的玻璃杯弄得很髒，於是同意邱吉爾的做法，將餐具物歸原主。

邱吉爾假裝自己也偷了一個銀盤，這麼做就不會讓外交官感到尷尬，因為同樣是「小偷」，外交官更聽得進邱吉爾的意見。兩國間有許多事要依靠外交官處理，若是在重要場合讓他丟了面子，往後遭到報復，反而更加麻煩。邱吉爾甘心讓自己扮演小偷，既幫助了朋友，又保全了大局。

許多人不肯裝糊塗，非要把事情說破，並理直氣壯地指責他人，絲毫不考慮別人的感受，讓對方感到丟臉。但即使維護了利益，也讓自己在對方心中的好感蕩然無存，得不償失。

用假裝糊塗的方式解決問題，在服務業裡特別有用。

在一家中式餐廳裡，有位外國客人假裝找錢包，實則將一雙青花瓷圖案的精美瓷筷放進自己的包包裡。

站在一旁的服務小姐看到了整個過程，她知道這位顧客是故意的，且按照規定，必須向顧客請求賠償，但她卻不動聲色地走進內場。

當她再次從內場出來時，手中捧著一個繡有精美青花瓷圖案的小盒子，並走到那位顧客面前說：「剛才我發現您對我國青花瓷有很大的興趣，能讓您喜歡是我們的榮幸，為了表達謝意，我們決定將您用過的瓷筷送給您，這是配套的錦盒，請您收下。」

周圍的賓客不知事情真相，紛紛鼓掌說這位賓客運氣真好，但偷竊的外國賓客卻感到羞愧，紅著臉接下了錦盒。

事後，這位外國顧客獨自返回餐廳，找到那位服務小姐，將筷子歸還給她，一問之下才知道，服務小姐自費買下了餐廳的錦盒，謊稱要送給自己，就是為了不讓顧客當眾出醜。顧客十分感激，不僅歸還筷子，還買了很多錦盒，表達感謝。

餐廳經理知道這件事後，對這位服務生的做法大加讚賞，也將購買錦盒的錢退給了她，並要大家好好向她學習。

這位服務小姐雖然吃虧，但她保全了外國賓客的面子，也沒有讓餐廳遭受損失。人人都有報恩心理，這樣的做法獲得最好的結果，還讓餐聽額外賺錢。最重要的是，她讓自己在顧客與經理心裡留下好印象。

最佳的待人處事方式，就是懂得替別人留餘地，讓對方有冷靜反省的機會，如此一來處理事情會更容易。這樣的處世方法，不僅可用於人際交往、服務業，更可以用於維持家庭幸福上。例如下面這則故事。

有位妻子出差提前回家，意外撞見丈夫曖昧地摟著一個女人進家門，她很清楚那個女人是自己的下屬。

雖然生氣，但她努力穩定情緒，想起孩子、與丈夫一起走過的日子，她確定丈夫只是一時糊塗，決定給他一次機會。

她先打電話給下屬，要她去幫忙拿放在家裡的東西，然後又打電話給丈夫說：「老公，小朱等等會到我們家幫我拿東西，你幫她開門。」

一會兒，小朱就滿面通紅地走出家門，說是沒找到東西。她微笑著說：「沒關係，東西應該放在公司，看來是我記性不好。」

其實丈夫在妻子打來的那刻，就知道偷吃被發現了，但是沒想到妻子會這樣寬容地處理。從此，丈夫再也沒有越雷池一步，兩人像從前一樣恩愛相處。

故事中的妻子假裝不知，給丈夫和下屬都留下餘地，是一種婉轉指出對方錯誤的方式。而對方因受原諒，就會心存愧疚和感激，自動改正過錯。

考慮到對方的情緒，人與人之間才能更好地相互理解，給對方台階下，也是給自己留餘地，能為事情贏得最好的結果。

35. 該硬的時候就要硬！一味退讓只會證明你很無能

為了保全他人的面子，選擇自己吃虧是大度，但也不是什麼虧都能吃，尤其是當你不只代表你自己的時候。

一九七〇年代，美國代表團訪華時，有位官員當著周恩來總理的面說：「中國人都喜歡低著頭走路，我們美國人恰好相反，我們都是抬著頭走路。」言語間流露出戲謔的情緒，暗指中國人抬不起頭。

周恩來平靜地說：「這是因為我們中國人都走上坡路，只能低著頭，而美國人總走下坡路，自然要抬起頭。」那位官員立刻知道這個總理不好惹，便識趣地閉嘴了。

周恩來有力地反駁這位官員，因為他諷刺了所有中國人，若不還擊，顏面何存？作為一國總理，周恩來的回覆相當合宜。

和周恩來一樣的，還有英國首相邱吉爾。

二戰結束不久，打了勝仗的邱吉爾作為當時的世界三巨頭之一，卻在首相大選中落選了。大家覺得這是件狼狽的事，但邱吉爾卻表現得極為坦然。

三巨頭的另一位成員史達林知道此事後，自然不會放過諷刺邱吉爾的機會，對他說：「你打了勝仗，他們卻把你趕下台，你看，誰敢把我趕下台？」邱吉爾平靜地回答：「我打勝仗，正是為了保證他們有把我趕下台的權利。」

史達林諷刺邱吉爾選舉失利，邱吉爾卻巧妙反擊，不僅反諷史達林的獨斷專權，也保全了自己的面子。

邱吉爾一向以心胸開闊著稱，面對政敵挑釁全不計較，面對仇恨皆坦然放下，卻沒有因此對史達林的話一笑而過。這是因為，全世界付出巨大代價，就是為了擁有民主和平的生活，只有史達林野心膨脹，戰爭後沒多久就開始獨斷專權，邱吉爾這算是一種指責，也是好心提醒。

邱吉爾和周恩來都謙遜寬懷，但是遇到不該吃虧時，懂得機智地反擊。他們身居高位，責任重大，代表了自己的國家，所以站在國家的立場，不該吃的虧絕對不吃。

要能分清楚何時該吃虧、何時不該。若不該吃的虧，就應反擊，但仍應該保持風度，運用智慧保全我們該有的尊嚴。再來看下則故事。

晏子是春秋時期齊國的大夫，他頭腦靈活、擅於外交，齊王派他作為使臣出使楚國。

楚王知道使臣到來，便想趁機羞辱讓給齊王難堪。經過打探，得知晏子身材矮小，於是命人關上大門，留下狗洞供他進出。晏子一看到狗洞，便猜到楚王的心思，他說：「出使狗國，自然要走狗洞，今天我出使的是楚國，不應該從這個門進去。」此時來迎接的人若執意要他走狗洞，不就承認自己是狗國了嗎？所以也不好再為難，趕緊打開大門讓晏子進去。

晏子面見楚王，楚王馬上無禮地問他：「楚國難道沒人了，竟然派你來？」晏子從容地說：「齊國有七千多戶人家，展開衣袖可以遮天蔽日，幹活時揮灑的汗水就像下雨一樣，如此擁擠，怎麼能說沒有人呢？」

楚王說：「既然這麼多人，為什麼偏偏派你？」晏子從容地回答：「齊國派使臣的規矩是，遇上賢明的君主，派賢明的人去，而無能的君主，會派無能的人去。晏子無才，所以被派到楚國來。」

楚王兩次羞辱不成，反吃悶虧，很不高興，就又想出一個計謀。他讓兩名士兵找一個人，佯裝成齊國來的竊盜犯，想讓晏子當眾難堪。

就在楚王為晏子舉辦的宴席進行到一半時，兩名士兵綁著那個人來到楚王面前，楚王問：「底下的是什麼人，犯了什麼罪？」士兵按照擬好的詞說：「是個齊國人，犯了竊盜罪被抓起來。」楚王立刻質問晏子：「齊國人難道天生愛偷東西嗎？」

晏子回答：「我聽過一件事，南邊生長的橘子又大又甜，但是一種到淮河以北，就會變得又小又酸。究其原因，是因為水土不同。我們齊國的老百姓在國家內從不偷竊，怎麼一到楚國就改變性格了呢？難道是這裡的社會風氣會讓老百姓變得愛偷東西嗎？」楚王這下真的服了，笑著說：「不能跟聖人開玩笑，是我自討沒趣。」

晏子對楚王的挑釁毫不留情地還擊，不是因為不夠大度隱忍，而是他作為一國使臣，代表國家，不還擊等於國家受辱。

晏子聰明在他的分寸，在讓楚王折服後，他並沒有進一步要求楚王道歉，也不指責楚國的種種不是，而是不卑不亢，事情過後雲淡風輕，這才盡顯智慧與風度。若是他真的鑽過狗洞，讓整個齊國都抬不起頭，這就不是不計較，而是一種無能了。

一個不懂得保全他人面子的人，最終會失去別人的尊重，但一個不懂得判別情況、一味退讓的人，最後只會失去自己的尊嚴。

小道理大智慧

當你放下面子賺錢的時候，說明你已經懂事。

當你用錢賺回面子的時候，說明你已經成功。

當你用面子可以賺錢的時候，說明你已經是人物。

當你還停留在那裡喝酒、吹牛，什麼也不懂還裝懂，

只愛所謂的面子的時候，說明你這輩子也就這樣了。

——香港首富　李嘉誠

智慧小測驗

看完這本書的你應該懂得搶第一、佔便宜，到頭來輸的還是自己。不如讓出利益、收起鋒芒、主動幫忙才是完勝之道！那麼聰明的你面對以下狀況，應該如何應對呢？

1

Q 看到競爭部門出問題需要幫助，此時你該？

A 視而不見，反正幫了他也沒什麼好處。

B 立刻上前協助對方，建立起優良的同事情誼，下次他也會幫助自己。

C 嘲笑對方。

2

Q 當老闆問說案子是誰的功勞時，你會怎麼做？

A 立刻舉手，將所有的功勞歸在自己身上。

B 抹黑其他同事，讓討厭老闆其他人。

C 把功勞讓給別人，同事們因此感激你，對你更加信任。

3

Q 看到別人需要幫助時，你會選擇？

A 馬上上前詢問他需要什麼幫助。

B 幫助對方，但事後馬上尋求報酬。

C 直接路過，默默地當作沒看見。

4

Q 有位演講者在台上發表了錯誤的言論，此時你該如何反應？

A 現場點出他的錯誤，讓他下不了台。

B 與其他聽眾在一旁竊竊私語，討論他的錯誤。

C 演講結束後再到後台用婉轉的方式告知錯誤，給他反省的機會。

5

Q 老闆總是唯我獨尊，聽不進別人的勸，此時應該怎麼辦呢？

A 適當地用別種方式規勸，例如先稱讚他，等他心情好，再說出自己的建言。

B 硬碰硬，就是要跟他爭到最後。

C 一切都順老闆的意，反正做錯也不關我的事。

6

Q 當你到一間餐廳點餐時，發現餐點都以不合理的低價販售，你怎麼想？

A 賺到了！這麼便宜一定要多點一些。

B 要小心，這間餐廳可能用了不好的食材。

C 再跟老闆殺價，試著用更低的價格吃到一餐。

7

Q 與別人談生意時，你會選擇？

A 多給他一點利潤或折扣，這樣才會好康道相報，得到更多客戶。

B 一定要比別人拿得多，要不然就虧大了。

C 該拿多少就拿多少，不給對方佔便宜的機會。

正確答案：B・C・A・C・A・B・A

國家圖書館出版品預行編目（CIP）資料

暗黑世界必學35個正向思維：委屈、抱怨不能成大事！因此你得收起鋒芒、主動幫忙，就能讓薪水十倍跳！／張濤著. -- 新北市：大樂文化，2019.07
224 面；14.8×21公分

ISBN 978-957-8710-24-5（平裝）
1. 人際關係 2. 生活指導

177.3 108008042

UB 048

暗黑世界必學35個正向思維

委屈、抱怨不能成大事！因此你得收起鋒芒、主動幫忙，就能讓薪水十倍跳！

作　　者／張　濤
封面設計／蕭壽佳
內頁排版／顏麟驊
責任編輯／高丞嫻
主　　編／林宥彤
發行專員／劉怡安、王薇捷
會計經理／陳碧蘭
發行經理／高世權、呂和儒
總編輯、總經理／蔡連壽

出 版 者／大樂文化有限公司
地址：新北市板橋區文化路一段 268 號 18 樓之1
電話：（02）2258-3656
傳真：（02）2258-3660
詢問購書相關資訊請洽：2258-3656
郵政劃撥帳號／50211045　戶名／大樂文化有限公司

香港發行／豐達出版發行有限公司
地址：香港柴灣永泰道 70 號柴灣工業城 2 期 1805 室
電話：852-2172 6513　傳真：852-2172 4355

法律顧問／第一國際法律事務所余淑杏律師
印　　刷／科億印刷股份有限公司

出版日期／2019 年 7 月 22 日
定　　價／260 元（缺頁或損毀的書，請寄回更換）
I S B N　978-957-8710-24-5

優渥叢書

優渥叢書